Psych 101:
Psychology Facts, Basics, Statistics, Tests, and More!

你的心怎麼想？

1分鐘解析人格疾患的心理學入門課

Paul Kleinman
保羅·克萊曼——著
王士涵——譯

獻給麗茲——
那個總是能應付我的瘋狂舉止，並讓我保持神志正常的人。

感謝一直支持我的家人，以及Adams Media的所有人。
此外，我也想感謝世界上所有偉大的思想家。
若沒有他們，這本書也不會存在。

前言：心理學是什麼？

Psyche——希臘文「精神、靈魂、呼吸」之意。
Logia——希臘文「關於某物之學問」之意。

心理學是一門探究心理及行為歷程的學問。基本上，心理學家總是在試著為某些問題賦予意義，例如：「某某某為何會那樣做？」及「某某某是如何看待這個世界的？」這些問題看似簡單，但其實牽涉到許多複雜的概念，像是情緒、思考歷程、夢境、記憶、感知、人格、疾病和治療等。

心理學的起源最早可以追溯到古希臘時代的哲學家，但其蓬勃發展的時機要等到一八七九年——也就是德國心理學家威廉・馮特創立第一個專門研究心理學的實驗室時——才正式開始。從那時起，心理學就以驚人的速度成長為一門包羅萬象的學科，其研究領域時常和其他科學學門有所重疊，如：醫學、遺傳學、社會學、人類學、語言學和生物學等，甚至廣及運動、歷史和愛情等領域。

所以請先讓你的腦袋暖暖身，選個舒服的姿勢（例如：躺在沙發上），準備好吸收新知。現在，是時候用你從未想過的方式認識自己。無論是否曾經接觸過心理學，都讓我們從頭開始吧！

歡迎來到心理學入門課。

目錄 CONTENTS

你的心怎麼想？

1分鐘解析人格疾患的心理學入門課

伊凡・帕夫洛夫

（一八四九～一九三六年）

古典制約

❖研究「人類最好朋友」的男人

一八四九年九月十四日，伊凡・帕夫洛夫出生於俄羅斯的梁贊州。身為村裡神父的兒子，帕夫洛夫原先是讀神學的。一八七〇年，他放棄修讀宗教，轉而進入聖彼得堡國立大學攻讀生理學及化學。

一八八四年至一八八六年間，帕夫洛夫在赫赫有名的心血管生理學家卡爾・路德維希，以及胃腸道生理學家魯道夫・海登漢的門下學習。一八九〇年時，帕夫洛夫已經成為一名技術純熟的外科醫師，並對於血壓調節感到非常有興趣。當時的帕夫洛夫能夠在沒有任何麻醉的情況下，近乎無痛地將導管插入狗的股動脈，並記錄情緒和藥物刺激對於狗狗血壓的影響。然而，此時的帕夫洛夫還沒正式開始進行他在狗身上做過最具影響力的研究——也就是他的「古典制約研究」。

一八九〇年到一九二四年，帕夫洛夫以生理學教授的身分任職於帝國醫學學院。任教前10年，他開始轉而研究唾液分泌和消化作用之間的關係。在外科手術的過程中，帕夫洛夫得以在相對正常的情況下研究活體動物的胃腸道分泌物。此外，他也透過實驗來呈現自律功能及神經系統之間的關聯性，而這項研究隨後促成了帕夫洛夫所提出最重要的概念——也就是「制約反射」的發展。一九三〇年前，帕夫洛夫已經開始運用他對制約反射的研究來解釋人類的精神疾患了。

然而另一方面，帕夫洛夫雖然受到蘇聯的讚賞和支持，卻直言不諱地批評共產主義政權，甚至在一九二三年訪問美國後公開譴責政府當局。一九二四年，當政府下令驅逐前帝國醫學學院（當時改名為「列寧格勒軍事醫學院」）中所有神父的兒子時，身為神父兒子的帕夫洛夫主動辭去教授職務，並於一九三六年二月二十七日在列寧格勒與世長辭。

帕夫洛夫的榮譽事蹟

帕夫洛夫博士的研究受到極大的讚賞，以下僅是他成就中的一小部分：

- 當選俄羅斯科學院通訊院士（一九〇一年）
- 獲得諾貝爾生理學與醫學獎（一九〇四年）
- 當選俄羅斯科學院院士（一九〇七年）
- 獲得劍橋大學榮譽博士學位（一九一二年）
- 獲得巴黎醫學院榮譽軍團勳章（一九一五年）

❖實驗〈帕夫洛夫的狗〉

帕夫洛夫之所以能提出「制約反射」的想法，都要歸功於他對未麻醉的狗不規律分泌物的觀察。一開始，他透過量測狗在看到可食用和不可食用東西時所分泌的唾液量，研究牠們的消化系統。過一段時間後，他注意到狗在看到實驗助手走進房間時，就會開始分泌唾液。因此帕夫洛夫認為，這些狗是對助手穿的白袍產生反應，並提出以下假設：

狗分泌唾液的行為是針對某個特定刺激的反應，且這些狗將白袍與食物建立起連結。

此外，帕夫洛夫指出，狗看到食物並分泌唾液的行為是一種非制約反應；而狗看到白袍並分泌唾液的行為則是一種習得的反應，又稱為「制約反應」。

為了更加深入探討這項發現，帕夫洛夫開始著手設計有史以來最廣為人知的實驗之一——帕夫洛夫的狗。

◉實驗步驟

①首先選定一個非制約刺激。本實驗中使用的非制約刺激就是食物，食物會自動引發狗的本能反應——分泌唾液；中性刺激則是鈴聲。

②在狗習得制約前，可以透過觀察發現，當狗看到食物時就會分泌唾液，而聽到鈴聲時則不會。

③要讓狗開始習得制約，必須先讓牠聽到中性刺激（鈴聲），接著馬上呈現非制約刺激（食物），如此反覆進行數次。

實驗　制約反射實驗流程

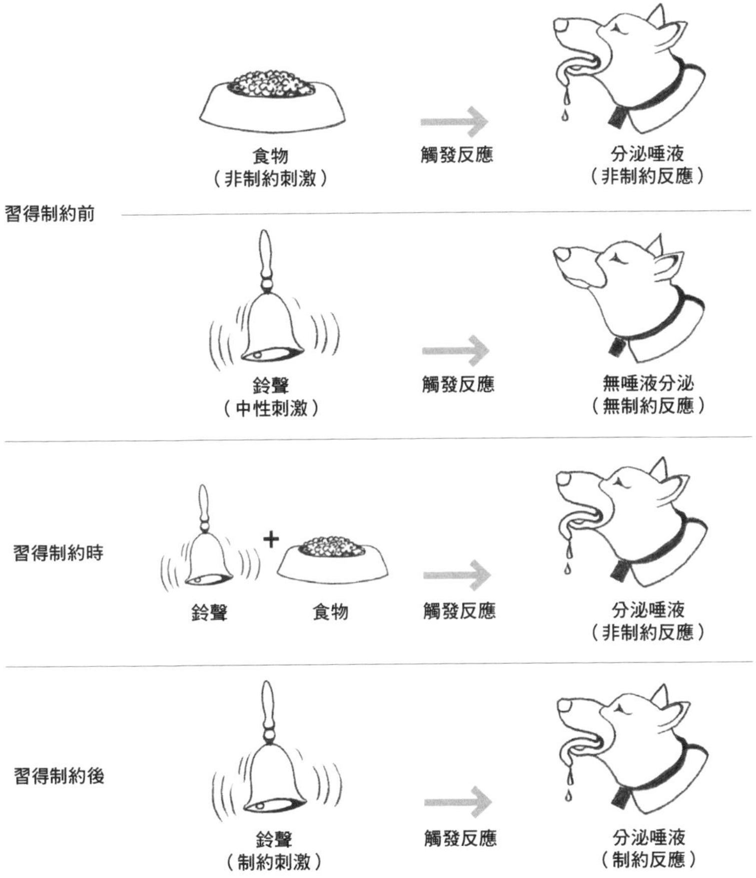

心理學用語

制約反應：若一反應A原本和一刺激B無關，而在將會引起反應A的另一刺激物C與刺激B反覆配對後，使得反應A和刺激B之間形成連結，則稱此反應A為「制約反應」。

④過一段時間後，狗就會開始將鈴聲與食物劃上等號。實驗進行得愈久，狗所習得的制約就會愈強。

⑤當狗習得制約後，無論有沒有看到非制約刺激（食物），光是中性刺激（鈴聲）就足以讓狗狗滿心期待食物的到來，並開始分泌唾液。至此，分泌唾液的行為就成為了制約反應。

❖古典制約　透過建立「連結」來學習

上述實驗建立起「古典制約」此一理論，這不僅是帕夫洛夫最知名且最具影響力的貢獻，還成為後來行為主義心理學的基石。

基本上，古典制約的概念就是藉由連結來學習新事物。

帕夫洛夫還提出了古典制約的4項基本要素：

①**非制約刺激**：刺激是指任何會觸發反應的行為、作用或媒介；而非制約刺激則是指會自動觸發反應的刺激。舉例來說，如果花粉會使人自動打噴嚏，則花粉就是一種非制約刺激。

②**非制約反應**：指被非制約刺激所自動觸發的反應。基本上，非制約反應就是指對任何刺激下意識的自然反應。以剛才的例子來說，如果花粉會使人打噴嚏，則打噴嚏就是一種非制約反應。

③**制約刺激**：當一項中性刺激（指尚未和反應建立連結的刺激）和一非制約刺激產生連結，並觸發制約反應時，我們稱之為制約刺激。

④制約反應：透過學習，與曾經的中性刺激配對的反應，即稱為制約反應。

聽得一頭霧水嗎？不要緊張，其實並沒有你想得那麼複雜。

首先，想像你因為聽到一聲巨響而嚇一跳。這時，這聲巨響就觸發了一個很自然的反應，因此這聲巨響就是一個「非制約刺激」，而你嚇一跳的反應就是「非制約反應」，因為這是在非制約刺激出現時，你下意識產生的反應。

現在，若你在每次聽到巨響的同時（或是聽到之前）都看到一個特定的動作發生（例如：某人朝桌子用力揮拳），你可能會開始將這個動作與巨響產生連結。因此，即便根本沒有聽到巨響，你還是會在看到有人朝桌子揮拳時就嚇一跳。這時候，用力揮拳的動作（制約刺激）已經與那聲巨響（非制約刺激）建立起連結，並足以讓你嚇一跳（制約反應）。

雖然大眾眼中的帕夫洛夫是以狗聞名的，但這個實驗的重要性遠不止於讓狗流口水這麼簡單。帕夫洛夫對於制約和習得反應的發現，幫助我們瞭解如何改變人類的行為，並在恐慌症、焦慮性疾患和恐懼症等心理疾患治療法的發展進程中，扮演了相當重要的角色。

史金納
〔一九〇四～一九九〇年〕
操作制約

❖行為主義學派的里程碑

一九〇四年三月二十日，伯爾赫斯・弗雷德里克・史金納出生於美國賓夕法尼亞州的薩斯奎漢納。史金納有著身為律師的父親，以及身為家庭主婦的母親，童年十分溫暖且安穩，有許多時間讓他盡情揮灑創意，而這對於他未來的職涯發展大有助益。

一九二六年，剛從漢密爾頓學院畢業的史金納起初一心想成為作家。然而，在紐約的一間書店當店員時，他接觸到了約翰・華生和伊凡・帕夫洛夫的作品，對這些著作感到著迷不已，於是決定暫緩成為小說家的計畫，轉而投身心理學的懷抱。

24歲那年，史金納成功進入哈佛大學的心理學系，並開始在生理學系新任系主任威廉・克羅茲的門下學習。雖然克羅茲並不是一名心理學家，但他對於研究動物的整體行為模式感到很有興趣，而這樣的研究方法與當時大多數心理和生理學家所採用的方式大相徑庭。比起想盡辦法弄懂動物體內的每個歷程，克羅茲更加著眼於動物的整體行為，而這樣的研究取向也影響了史金納。

史金納對於實驗操弄和行為模式之間的關聯感到非常好奇，因此克羅茲的理念和他想追求的研究方向不謀而合。而正是在哈佛的這段期間內，史金納提出了他最著名也最具影響力的「操作制約」概念，並發明出赫赫有名的「史金納箱」（又稱操作制約室）。

時至今日，史金納在哈佛大學進行的研究仍可說是行為主義學派最重要的研究之一，而他也親自將這些研究成果傳授給他的學弟學妹們，直到他在一九九〇年過世為止，享年86歲。

史金納的榮譽事蹟

史金納的研究成果對心理學界帶來深遠的影響，並引起廣大的關注。以下僅是他成就中的一部分：

- 總統林登・詹森授予國家科學獎章（一九六八年）
- 獲頒美國心理學基金會金牌獎（一九七一年）
- 獲頒年度人物獎（一九七二年）
- 獲得傑出終身心理學貢獻獎（一九九〇年）

❖實驗〈史金納箱〉

史金納最重要的貢獻是他提出的「操作制約」概念。操作制約就是人透過與行為相關的獎賞和懲罰來習得該行為的過程。

為了親眼見證操作制約的形成，史金納設計了一個非常簡單的實驗，並發明出被後人稱作「史金納箱」的操作制約室。

●實驗步驟

①首先，將一隻飢腸轆轆的老鼠放在史金納箱內。每當這隻老鼠壓下箱內的桿子時，牠就會得到少量的食物。於是，這隻老鼠很快就會學到一件事——只要壓下桿子就能得到食物（正向後果）。因此，這個行為就透過正向增強而得到強化。

②接下來，把另一隻老鼠放到箱子裡，並對牠的雙腳施以輕微電擊（負向後果）；若這隻老鼠壓下桿子，電擊就會中止。然後，再次對老鼠的腳進行電擊，當老鼠再度壓下桿子，電擊同樣就會停止。每當老鼠被電擊時，牠就會學到一件事——若要中止電擊，就必須壓下桿子。以上是一個負向增強的例子，因為這隻老鼠為

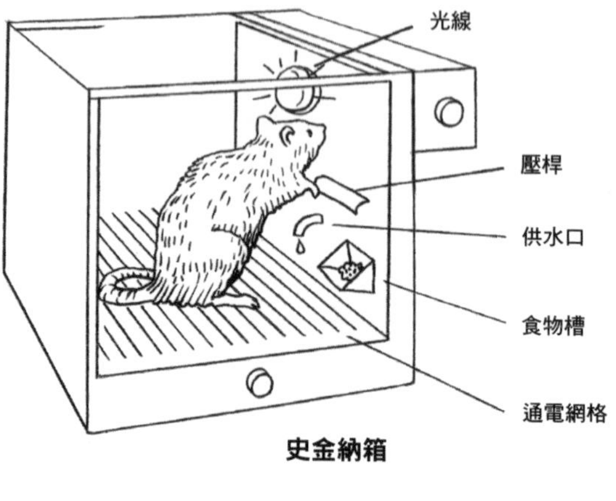

史金納箱

了避免負向後果的發生，而習得了一個特定的行為。

③將另一隻老鼠放入箱內，並在牠每次壓下桿子時，對其足部施予輕微電擊（負向後果）。因為會產生負面後果，壓桿子的行為就會逐漸被削弱——這就是所謂的懲罰。

④現在，將一隻老鼠放在箱子內，但每當牠壓下桿子時，我們既不給予食物也不施予電擊。因此，老鼠學會不去把壓桿子的行為與正負向後果互相連結，使得該行為被逐漸削弱——這就是所謂的消弱。

由此可知，操作制約可以分成４種類型：

①正向增強：行為會帶來正向後果而受到強化，使重複發生的機率增加的情況。

②負向增強：為了避免負向後果發生，導致一特定行為被強化的情況。

③懲罰：行為會帶來負向後果而受到削弱，使重複發生的機率減少的情況。

④消弱：行為並未導致任何正向或負向的後果，因此逐漸被削弱的情況。

正向及負向增強都會強化某一特定行為，使其更容易發生；而懲罰和消弱則會削弱某一特定行為。

此外，操作制約還有另一項重要概念——「增強時制」。一個行為被強化的頻率和時間點會大幅影響行為的強度，以及觸發反應的頻率。無論是正向或負向增強，都可以和不同的時制搭配使用，最終目標就是要強化行為，並增加其再次發生的機率。

增強時制可分為以下2大類：

①**連續性增強**：每次行為發生時，都會被強化。

②**間歇性增強**：行為只有某些時候才會被強化。

有趣的是，使用間歇性增強所習得的反應較不容易被削弱。其原因在於，在間歇性增強的情況下，行為並非一下就習得，而是經過一段時間後才能學會。

間歇性增強又可分成下列4種時制：

①**固定比率**：在產生固定次數的反應後，反應會得到強化。舉例來說，一隻老鼠在壓3次桿子後，才會獲得少量的食物。

②**變動比率**：在不固定次數的反應後，強化才會發生。舉例來說，老鼠可能會壓下桿子數次，但能夠獲得食物的次數是隨機且不固定的。

③**固定時距**：每過一段固定的時間，反應就會得到獎賞。舉例來說，若老鼠在30秒的時間內壓下桿子，就會得到少量食物作為獎勵。然而，在這30秒內，無論老鼠壓幾次桿子，得到的食物數量都是固定的。

④**變動時距**：每過一段不固定的時間，行為就會得到強化。舉例來說，老鼠可能會每過15秒、5秒或45秒的時間就得到一些食物。

日常生活中，其實就可以看到以上4種增強時制的例子。

舉例來說，固定比率時制常出現在打電動的時候。電玩遊戲中，玩家常常需要收集一定數量的點數或硬幣才能得到獎勵。吃角子老虎機則是運用了變動比率的時制。此外，我們每週（或每2週）進帳的薪水則是固定時距時制的好例子。還有，當上司出其不意地走進辦公室查看進度時，就是一種變動時距的時制。在習得新行為時，固定比率的時制通常最有效；而若要防止行為削弱，則最好使用變動時距。

雖然行為主義已經逐漸式微，但史金納的影響力仍然無庸置疑。他提出的操作制約技巧至今仍為心理健康專家所重視，並實際應用於治療上。此外，他所提出的增強及懲罰概念，至今也廣泛運用於教育和訓犬等領域中。

Column

帶來不幸的史金納箱

一九四三年，史金納有孕在身的妻子請他為孩子製作一個安全的嬰兒床。擅長發明東西的史金納成功打造出可以保暖，並有著壓克力窗戶的嬰兒床。史金納將這項發明稱作「保姆床」，還將這段故事寫成一篇文章，寄給《Ladies' Home Journal》雜誌。隨後，《Ladies' Home Journal》出版了這篇文章，將其命名為「箱子裡的嬰兒」。隨著文章的出版，加上史金納對操作制約的貢獻，坊間開始謠傳「史金納用自己的女兒來進行操作制約實驗，最後將她逼瘋並自殺」。然而，這個謠言完全是莫須有的罪名。

西格蒙德・佛洛伊德（一八五六～一九三九年）

人格結構模型

❖精神分析學派的創始人

一八五六年五月六日，西格蒙德・佛洛伊德出生於摩拉維亞的普日博爾（現位於捷克共和國境內）。佛洛伊德的母親是他父親的第二任妻子，且年紀比他父親小了20歲。他有2個同父異母的哥哥，都比他大上20歲左右。此外，他是他母親所生的7個孩子中最年長的。佛洛伊德4歲的時候，從摩拉維亞搬到奧地利的維也納。雖然他曾說自己不喜歡維也納，但他一生中的大部分時間都待在那裡。

因為在學時期的優秀成績及猶太教信仰（雖然他後來成為一名無神論者），佛洛伊德在一八七三年時進入維也納大學的醫學院就讀（在當時的維也納，猶太人只能選擇就讀醫學或法學院）。儘管他一心想從事神經心理學相關研究，但在當時研究人員的職位非常難取得，他只好選擇進入一間以神經學為重心的私人診所接受訓練。

受訓期間，佛洛伊德與一位名叫約瑟夫・布羅伊爾的內科醫師兼心理學家成為了朋友，而這段友誼對他後來理論架構的發展有莫大的助益。

當時，布羅伊爾開始使用催眠術治療歇斯底里症的病患，並鼓勵他們多談談自己的過去。布羅伊爾的其中一名病人安娜・歐——將這樣的療法稱為「談話治療」。因為在催眠的過程中，這些病患得以談論他們清醒時想不起來的回憶，使他們的歇斯底里症狀得以緩解。在與布羅伊爾合著《Studies in Hysteria》一書後，佛洛伊德便前往巴黎，在知名神經學家讓馬丁・沙可的門下鑽研催眠術。

一八八六年，佛洛伊德回到維也納，並開了一間私人診所。起初，他只使用催眠術來治療精神官能症及歇斯底里症的病患。然而，他很快就發現若讓病患用放鬆的姿勢坐著（例如：坐在沙發上）以及鼓勵他們說出腦中浮現的任何事物（這個技巧被稱為「自由聯想法」），他就能更加深入地瞭解病患的心理狀態。佛洛伊德相信，如此一來他就可以透過分析病患所說的話，判斷是過去的哪些創傷經驗使他們現在如此痛苦。

在短短5年的時間內，佛洛伊德接連發行了他最成功的3本著作，而這幾本書在接下來的幾十年內也對心理學的發展帶來了深遠的影響。在一九〇〇年發行的《The Interpretation of Dreams》中，他首次提出潛意識的概念；一九〇一年的《The Psychopathology of Everyday Life》一書中，他提出口誤——後來被稱為「佛洛伊德式失言」——其實並不是無意義的，而是被「動態潛意識」所揭露出的真實想法；而在一九〇五年的《Three Essays on the Theory of Sexuality》中，他則談到了現在赫赫有名的「戀母情結」。

身為當時科學發展的領頭羊，佛洛伊德也受到一些不必要的關注。一九三三年，納粹黨正式在德國執政，並開始焚燒他的著作，更在一九三八年攻佔奧地利後沒收他的護照。幸好，由於佛洛伊德在國際間的知名度加上外國勢力的干預，他才獲准搬至英格蘭，並在此度過餘生。

❖性心理發展階段

綜觀心理學的發展史，佛洛伊德的性心理發展理論可說是其中最知名也最有爭議的理論之一。

佛洛伊德認為一個人的性格在6歲前就大致底定了，且若順利度過順序固定的幾個階段，性格的發展就會十分健全；反之則會導致不健康的人格發展。

佛洛伊德相信這些發展階段是奠基於身體上的「性敏感帶」（指會喚起性快感、慾望及刺激的敏感部位），若小孩沒有成功度過某個階段，則會一直固著於該階段所代表的性敏感帶，進而導致長大成人後過於放縱或是過於節制的行為模式。

口腔期（出生～18個月）

這個階段的小孩專注於口腔活動（如：吸吮等）所帶來的愉悅感，因為這些動作會帶給他們安全及舒適感。如果在這個階段給予孩子太少或太多的滿足感，就會導致孩子發展出口腔型性格（或稱口腔期固著），變得過度專注於口腔活動。根據佛洛伊德的說法，口腔型性格的人容易咬指甲、抽菸、酗酒及暴飲暴食，且較易輕信及依賴他人，沒有自己的主見。

肛門期（18個月～3歲）

在這個階段中，孩子會轉而注意膀胱和腸道的控制行為，並藉由控制這兩個部位的活動來獲得快感。佛洛伊德認為若要讓孩子成功度過此階段，父母需在訓練孩子大小便時，透過稱讚和獎賞來讓孩子意識到自己是有能力且有生產力的。如此一來，孩子就會變得能幹且富有創造力。此外，若父母在如廁訓練時對孩子過於寬鬆，就會形成「肛門排出型性格」，使孩子變得愛搞破壞、不愛乾淨且揮霍無度；反之，若父母過於嚴苛，或太早開始勉強孩子進行如廁訓練，則會造成「肛門滯留型性格」，使孩子過於追求完美、過度注重清潔，且控制慾過強。

性蕾期（3歲～6歲）

佛洛伊德認為這個階段的孩子會轉而透過性器官來獲得快感，而這也促成他最為人所知的「戀母情結」概念。他相信這個階段的男孩會無意識地對自己的母親產生性慾望，視自己的父親為競爭對手，並希望能夠取代父親的角色。此外，男孩會因為害怕自己有戀母情結而被父親懲罰，進而產生閹割焦慮。然而，男孩並不會嘗試與父親爭執，而會藉由對父親產生身分認同來間接得到母親。佛洛伊德認為，若在這個階段產生固著，則可能產生性偏差，並對於自己的性向感到困惑或是沒有明確的性向。

一九一三年，卡爾・榮格創造了另一個名詞——「戀父情結」，用來描述女孩對父親的類似情感。然而，佛洛伊德對這個想法十分不以為然，因為他覺得女孩其實並不是有戀父情結，而是產生所謂的「陰莖羨妒」（指女孩因為想要擁有陰莖，而產生怨恨及不滿的情緒）。

潛伏期（6歲～青春期）

這個階段，孩子的性衝動會受到壓抑，並轉移到生活中的其他面向（如：社會互動或腦力活動等）。此階段的孩子大多與同性別的小孩玩在一起，沒有任何性心理發展或是固著現象產生。

生殖期（青春期～成人）

生殖期是佛洛伊德理論架構中的最後一個階段。在此階段中，孩子對於異性的性衝動會復甦。如果孩子順利通過在此之前的所有階段，則會變得穩重且善解人意，並且主要透過生殖器來獲得愉悅感。然而，若在此階段形成固著，則可能導致性偏差行為的產生。

當然，批評佛洛伊德理論的大有人在。有人認為他幾乎只專注於男性的性格發展；有人則批評他的理論並不是真的藉由觀察孩童行為得來，僅是奠基於成年病患的口頭描述。也因為在佛洛伊德的理論中，童年種下的「因」和後來長大成人產生的「果」之間的間隔時間太長，實在難以測驗性心理發展的概念是否正確。

❖人格結構模型

除了性心理發展的概念之外，佛洛伊德認為一個人的性格發展歷程中還有許多重要驅力在作用。因此，他嘗試使用人格結構模型來解釋人的心智是如何運作的。

這個模型中，他將人類的性格和心智分成3個部分：本我、自我以及超我。

本我

每個人生來都具有「本我」，其職責為滿足新生兒的各種基本需求。佛洛伊德主張本我遵循「快樂原則」，只追求當下的快樂，而無視任何可能產生的後果——它並不在乎接下來的情況會是如何，也不在意可能影響他人。舉例來說，當小嬰兒受傷、想吃東西、想換尿布，或單純想要引起他人關注時，本我就會驅使嬰兒開始嚎啕大哭，直到這些需求被滿足為止。

自我

性格的另一個面向「自我」，會在出生前3年因孩子和周遭現實世界的互動而開始自然發展。因此，佛洛伊德主張自我遵從著「現實原則」。當自我開始意識到周遭的人也有其各自的慾望和需求，並意識到衝動或自私的行為可能傷害到他人後，就會在嘗試滿足本我需求的同時，考慮到當下情形的現實層面。舉例來說，當孩子瞭解行為可能帶來的後果，因而在做出不適當行動前會再三考慮時，就是自我在據理力爭的時候了。

超我

當孩子5歲左右、接近性蕾期的尾聲時，就會發展出「超我」。超我是由道德與典範所建構而成，而這些道德典範則是由父母和社會教給我們或施加在我們身上的。很多人也認為超我其實就等同於良心，因為這兩個詞都是用來指稱性格中負責判斷是非對錯的部分。

佛洛伊德認為，健康者的自我應該比本我和超我都強勢。如此，自我才能在考慮現實情況的同時滿足本我的需求，並確保不會觸犯超我的道德原則。如果超我最強勢的話，人就要遵從極度嚴格的道德標準；若本我最強勢，則人會讓快樂凌駕於道德之上，進而造成嚴重的傷害。舉例來說，強姦犯選擇追求身體上的愉悅而無視道德原則，這就是本我太過強勢的表現。

❖佛洛伊德對於人類心靈的想法

佛洛伊德相信，我們的感受、信念、衝動和潛在情緒都被深埋在潛意識中，清醒時難以意識到。然而，他認為除了潛意識和意識之外，還有其他不同層次的意識狀態。

為了更加瞭解佛洛伊德的理論，現在請想像你的面前有一座冰山。

冰山周圍圍繞的水是「非意識」，代表著尚未納入我們意識經驗的人事物。因為我們既沒有經歷過也沒有察覺到其存在，所以這些人事物並不會影響我們的性格發展。

冰山的頂端是僅佔我們性格中一小部分的「意識」。所謂的意識包含想法、知覺和日常的認知歷程，是我們唯一能瞭若指掌的部分。換句話說，我們其實對自己的性格所知甚少。

意識的正下方，也就是冰山水面上的基座——是所謂的「前意識」。我們可以透過一些提示接觸到前意識，但其並不是時時都活躍於意識中，需要稍微深入挖掘才會浮現出來。前意識包含我們的童年回憶、以前的電話號碼、舊時好友的名字，以及其他被我們藏得很深很深的記憶。先前提到的超我，也在前意識的範圍之中。

相比於我們能意識到的冰山一角，所謂的「潛意識」被埋藏在水面下的很大一部分冰山。潛意識包含了恐懼、不道德的衝動、羞恥的經驗、自私的需求、不理性的願望，以及不被允許的性慾等等，是連我們都無法接觸到的自身性格。前面提到的本我，也位於潛意識的範疇。

另一方面，自我則沒有固定落在冰山的哪個部分，因此我們可能在意識、前意識或潛意識的層次中找到自我。

佛洛伊德對於心理學及精神醫學領域的影響力無庸置疑。他的理論完全顛覆了世人看待性格、性向、記憶及心理治療的方式。在他以學者身分為人所知的100年後，或許仍可說是最家喻戶曉的心理學家。

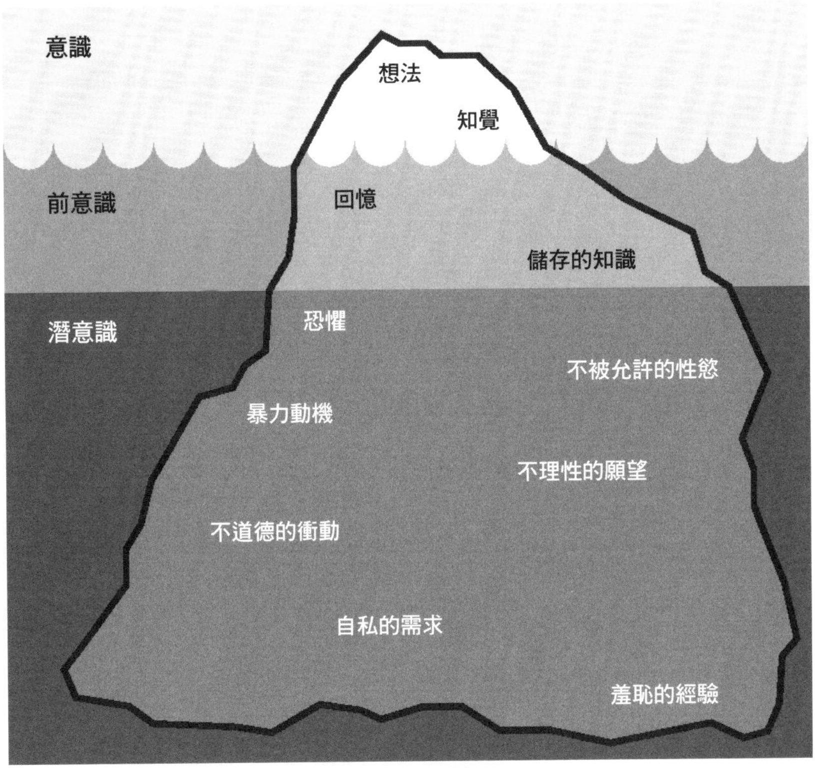

冰山理論

安娜・佛洛伊德（一八九五～一九八二年）

兒童精神分析

❖總是想著孩子的心理學家

一八九五年十二月三日，安娜・佛洛伊德出生於奧地利的維也納，是西格蒙德・佛洛伊德6個小孩中的老么。安娜和母親及手足的關係較疏遠，但和父親十分親密。她雖然有在私立學校受教育，卻說自己在學校學到的東西甚少，而她大部分的所學都來自於父親的朋友和同事。

中學畢業後，安娜開始著手將父親的作品翻譯成德文，並當上小學老師。教學過程中，她開始對兒童治療產生興趣。一九一八年，安娜因為染上結核病而必須辭去教職。在這段難熬的日子裡，她開始向父親敘述自己的夢境。佛洛伊德開始分析安娜後，她對於父親職業的興趣與日俱增，並決心要踏入精神分析的世界。雖然安娜相信她父親所提出的許多基本概念，但她對於潛意識的結構並不太感興趣，而是更加關注「自我」的概念，以及人類心靈的動力和動機。這使得她在一九三六年發表了開創性的著作——《The Ego and Mechanisms of Defense》。

安娜・佛洛伊德最為人所知的貢獻之一，即是建立「兒童精神分析」的領域，幫助世人更加瞭解兒童的心理。此外，她也發展了許多治療兒童的新方法，並因此廣為人知。一九二三年，沒有大學學歷的安娜在維也納開設了自己的兒童精神分析診所，並出任維也納精神分析協會的主席。

一九三八年，因為納粹入侵，安娜一家人逃離奧地利並遷至英格蘭。一九四一年，她與另外兩名精神分析師——朵洛西・伯林漢及海倫・蘿斯——一同創立漢普斯德戰時幼兒園，為無家可歸的孩童提供庇護以及精神分析的療程，而她在幼兒園的經驗也促成接下來的3本著作——一九四二年出版的《Young Children in Wartime》，以及一九四三年的《Infants without Families》與《War and Children》。一九四五年，幼兒園終止運作後，安娜創立了漢普斯德兒童治療教程暨診所，直到過世前都在該機構擔任主任一職。在一九八二年辭世前，她對於心理學領域所做出的深遠貢獻，可說只亞於她鼎鼎大名的父親與其他頂尖心理學家而已。

❖防衛機制

探討安娜・佛洛伊德對防衛機制這個概念的貢獻之前，我們必須先回頭看看她父親的理論。西格蒙德・佛洛伊德認為，自我會運用一些特定的防衛機制來解決本我和超我之間的衝突。他相信對大多數人來說，減少精神上的緊張感是一項非常重要的驅力，而這種緊張感大多是焦慮所造成的。除此之外，他還將焦慮分為以下3種類型：

①現實焦慮

因為害怕某些現實世界中的事件發生而產生的焦慮。舉例來說，當你身旁有一隻看起來凶神惡煞的猛犬時，你就會害怕被咬。要減少現實焦慮所產生的緊張感，最簡單的方式就是抽離會讓自己感到焦慮的情況。

②神經質焦慮

因為擔心受本我的衝動掌控而失去控制權，進而遭受懲罰，因此下意識產生恐懼感。

③道德焦慮

因為害怕違反自己的道德原則及價值，產生羞恥或罪惡感而導致恐懼。這類焦慮的來源就是我們的超我。

佛洛伊德認為，當焦慮產生時，我們會使用防衛機制來降低這種焦慮感並保護自我，讓其免於受到現實世界、本我及超我的影響。他也談到，這些機制往往會下意識地扭曲現實，可能會被過度濫用以逃避問題。因此，深入瞭解這些防衛機制，可以幫助我們用更加健康的方式來處理自己的焦慮。

看到這裡，你可能會開始好奇：「那安娜在防衛機制的理論中究竟扮演什麼角色？」答案就是，她明確指出了自我用來減少緊張感的一些特定防衛機制，例如：

- **否認**：拒絕承認某事曾經發生或正在發生。
- **轉移**：將自己的情緒及挫敗感轉移到較不具威脅性的人事物身上。
- **理性化**：從冷靜客觀的角度來思考，避免專注在會帶來壓力和情緒的面向上。
- **投射**：將自己的不適感轉而投射到他人身上，藉此營造他人代替自己承受該情緒的錯覺。
- **合理化**：編造可信的藉口來逃避產生某種情緒或行為的真實原因。

・**反向**：用完全相反的行為模式來隱藏自己的真實感受。

・**退化**：回歸孩童時期的行為模式。安娜認為，每個人此時展現出的行為模式會根據在性心理發展中所固著的階段而有所不同。舉例來說，固著於口腔期的人，可能會開始暴飲暴食、大量吸菸或使用言語暴力。

・**潛抑**：將令人不適的想法壓抑到潛意識中。

・**昇華**：將不被允許的行為轉換成讓人較易接受的形式。舉例來說，滿腔怒火的人透過拳擊來發洩自己的怒氣。佛洛伊德認為，昇華是一種成熟的表現。

❖兒童精神分析

一開始，安娜・佛洛伊德打算以父親的理論為依歸，打造有效的兒童治療法。如此一來，她就可以建立起兒童發展的先後順序，並決定何為正常的成長及發展速度。如果兒童的某項發展歷程（例如：衛生習慣的發展）有所缺失或延遲，治療師就可以非常準確地指出是由哪些創傷所導致，並採取相對應的治療方法。

然而，安娜很快就發現兒童病患和她父親所面對的成人病患之間有著根本上的不同，因此她必須時時更改策略。其不同點在於，佛洛伊德的病患皆為能夠自立的成人，而安娜面對的則是大部分時間都需要有父母在旁的孩童。雖然佛洛伊德很早就意識到雙親對於病人的重要性，但在兒童治療中，孩子的父母則需要進一步於療程中採取積極協助的角色。舉例來說，父母需要明確知道治療過程中發生了什麼事，這樣他們才能夠將這些治療技巧運用在日常生活中。

安娜也發現，玩耍在兒童治療中是非常有用的工具。孩子可以藉由玩耍來改造現實情況，或者藉此正視自己的問題。此外，透過玩耍，能讓孩子在治療過程中暢所欲言，幫助治療師找到孩子的創傷並進行治療。不過，玩耍無法提供太多潛意識中的資訊。其原因在於孩子尚未學會像大人一樣隱藏並壓抑過去的事件和情緒，因此本來就不太會有心口不一的情況。

我們或許可說安娜・佛洛伊德是在父親名氣的陰影下開始她的職涯，但她仍然證明了自己在心理學領域也佔有極其重要的一席之地。她不僅在佛洛依德發展防衛機制概念時貢獻良多，更重要的是開闢了兒童精神治療這個新領域，而這些貢獻至今仍然具有相當的重要性和影響力，並大大拓寬了我們對於兒童心理的認知。

勞倫斯・柯爾伯格（一九二七～一九八七年）

道德發展理論

❖道德兩難

一九二七年的十月二十五日，勞倫斯・柯爾伯格出生於紐約州布隆克維的一個富裕家庭中。二次世界大戰爆發時，他選擇在商船隊中服役——而這個決定將對他的人生帶來重大的影響，並大大撼動心理學界。

當時，身為水手的柯爾伯格在一艘貨船上工作，負責偷渡猶太難民並協助他們穿越遭英國封鎖的巴勒斯坦地區。這樣的經驗讓柯爾伯格對道德推理產生興趣，並在數年後再次回到今屬以色列境內的這個地方，以研究吉布茲（以色列的集體主義農業聚落）孩童的道德推理歷程。

戰爭結束後，柯爾伯格回到美國並開始在芝加哥大學研讀心理學。由於柯爾伯格在入學考試中表現優秀，得以免修許多心理系上的必修課程，1年內就成功拿到了學士學位，並在一九五八年取得博士學位。一九六七年，柯爾伯格已經成為哈佛大學的教育及社會心理學教授，並因為發表了「道德發展理論」而廣為人知且備受尊崇。

一九七一年，柯爾伯格在中美洲的貝里斯進行研究時不幸感染寄生蟲病，因此在接下來的16年內持續與憂鬱症和折磨人的疼痛奮鬥。一九八七年一月十九日，正在接受治療的柯爾伯格向醫院請了一天假，並在離開醫院後於波士頓港投河自盡，享年59歲。

❖道德發展階段

柯爾伯格的道德發展論是從瑞士心理學家尚・皮亞傑的理論修改而來。皮亞傑將道德發展分為2階段，而柯爾伯格則將其分為3期6階段。

此外，柯爾伯格認為人的一生都會持續進行道德發展的歷程。為了將各個階段獨立出來而一一進行描述，柯爾伯格讓一群孩子思考一系列的道德難題並問他們是如何推理出最後的道德抉擇，藉此觀察道德推理隨著年紀所產生的變化。

◉海因茨難題

在海因茨難題中，柯爾伯格先是告訴孩子一則故事：

> 歐洲有一名女子因為罹患特殊癌症而命在旦夕。醫生告訴她有一種藥或許可以救她一命，這種藥是近期由鎮上的藥劑師所發現的鐳的變種。
>
> 製造這種藥的成本十分高昂，而那名藥劑師更是決定以10倍的成本價售出。也就是說，他花200美元製造這種藥，卻要以高達2千美元的售價賣出。那名女子的丈夫海因茨試著跟身邊的所有人借款，卻只籌到1千美元——僅足夠支付一半的藥錢。因此，海因茨向那名藥劑師求情，說自己的妻子已命懸一線，問他是否可以算自己便宜一些，或是允許自己之後再將餘款付清。然而，藥劑師拒絕了海因茨的請求，並說自己好不容易發現這種藥，當然要好好賺上一筆。
>
> 最終，被逼入絕境的海因茨為了拯救妻子而闖進藥局，並偷走了藥。

說完故事後，柯爾伯格問這群孩子：「你覺得海因茨的行為是正當的嗎？」對於柯爾伯格來說，這個問題的答案本身並沒有那麼重要，重要的是答案背後的推論過程。

根據他的研究結果，孩子的反應模式可以被分成3期6階段。

第1期　道德成規前期

・階段1：避罰服從導向

認為規矩是絕對的，且只要遵從這些規矩就可以避免受罰。雖然有時候也會在成人身上見到這樣的思考模式，但年幼的孩童特別容易展現這樣的道德思維。

・階段2：相對功利導向

開始將每個人的觀點納入考量，並根據個人需求被滿足的程度來判斷行為是否正當。以海因茨的例子來說，此階段的孩子會認為，最能夠滿足海因茨需求的行為就是最好的行為。

第2期　道德循規期

・階段3：尋求認可導向

重心在於達到社會或周圍親友期望。換句話說，對處於這個階段的孩子而言，當一個善良的好孩子是至關重要的。因此，此階段又被稱為「好孩子取向」。

・階段4：順從權威取向

開始將整個社會納入自己的道德考量之中。換句話說，為了維護社會的法紀和秩序，他們會將注意力集中在遵循規則、尊重權威，以及履行所承諾的職責（即便在極端情況下也是如此）。

第3期：道德自律期

・階段5：社會法制取向

開始意識到每個人都有不同的意見、信念和價值觀，因此若要維持社會秩序，法律規範必須奠基於人人同意的準則。

・階段6：普遍倫理取向

到了最後的這個階段，即使會因此而違反法律規範，還是會遵從自身的正義及倫理準則。

值得注意的是，柯爾伯格認為每個人的發展必定會照著前述的順序進行，但不是每個人都能順利完成每個階段的發展。

◉針對道德發展論的批評

雖然這個理論有極高的重要性和影響力，但仍然有一些批評的聲浪。

有些人認為，柯爾伯格對於男性有所偏心（因為他認為大多數男性都會發展到階段4，而大多數女性則停留在階段3）；另一些人則認為，人們嘴上說應該做的事通常和真正做到的有很大的落差；還有一些人認為，柯爾伯格只專注於正義感，沒有將同情和愛心等因素納入考量。

此外，柯爾伯格的實驗方法也遭到質疑，因為他並沒有長時間追蹤並訪問同一個小孩，而是同時採訪許多不同年紀的孩子。

話雖如此，柯爾伯格的道德理論至今仍具有極大的影響力，他提出的想法也常被應用於教育界，以幫助我們更加瞭解孩子的行為模式。

史丹利・米爾格蘭

（一九三三～一九八四年）

權力服從研究

❖「驚世駭俗」的心理學家

一九三三年八月十五日，史丹利・米爾格蘭出生於紐約市的一個猶太家庭中。他的父親是匈牙利人，從事烘焙業，而米爾格蘭的母親則是羅馬尼亞人。一九五三年，米爾格蘭的父親去世後，烘焙坊的事業就由他母親接手。

米爾格蘭在學校的成績十分優秀，就讀詹姆斯門羅高中期間更是積極參與學校的戲劇製作。劇場的經驗對於米爾格蘭來說十分重要，因為往後的他正是運用這些經驗來設計出許多栩栩如真的實驗情境，並因此名留青史。

一九五三年，米爾格蘭從紐約市的皇后學院畢業，拿到了政治學的學士學位。在這之後，他便申請進入哈佛大學，希望取得社會心理學的博士學位。雖然一開始因為沒有心理學的學術背景而遭到拒絕，但他終於在一九五四年申請成功，並於一九六〇年取得社會心理學博士學位。

在他的學術生涯中，米爾格蘭一直都非常關注種種社會問題。

一九五九至一九六〇年間，他在心理學家所羅門・艾許的門下學習，而艾許最為人所知的就是他有點令人感到不適的從眾實驗。一九六一年，米爾格蘭開始進行他赫赫有名的社會服從實驗，而這也是心理學史上最具影響力同時也最惡名昭彰的實驗之一。

一九六〇年的秋天，米爾格蘭在耶魯大學擔任助理教授。一九六三到一九六六年間，他則轉往哈佛大學擔任社會關係學系的助理教授。一九六七年，他在哈佛大學取得講師一職後，哈佛卻拒絕授予他終身教職，其背後原因可能正是他備受爭議的「米爾格蘭實驗」。同年，他在紐約市立大學研究所取得終身教授的職位。

一九八四年十二月二十日，米爾格蘭便因心臟病發而在紐約市離世，享年51歲。

❖實驗〈權力服從研究〉

史丹利・米爾格蘭最為人所知的，就是他赫赫有名卻廣受爭議的服從實驗了。

米爾格蘭對於權力如何使人服從感到非常有興趣，他相信即使會違反自己的判斷或需求，人往往還是會希望配合別人或因為恐懼而服從他人的指示。

米爾格蘭在耶魯大學進行實驗，透過在報紙上張貼廣告招募到40位男性作為受試者。這些受試者被告知他們參與的是記憶和學習相關的實驗，但事實並非如此。實驗者告訴他們每個受試者都會被分配到老師或學生的角色，且分配方式是透過抽籤來隨機決定的。然而，每一張紙籤上其實都寫著「老師」，而真正的「學生」則是由米爾格蘭身為演員的實驗同謀擔任。換句話說，受試者以為角色是隨機分派的，但其實所有人都被指派了老師的角色。

◉實驗步驟

①每位飾演「老師」的受試者都會被分配到一位假扮「學生」的實驗同謀，且受試者會看到這位學生被實驗助手綑綁在椅子上並被貼上電極的過程。

②接著，受試者會被帶到另一個房間裡，讓他看不到學生卻仍能與其對話。在受試者的面前是一台電擊器，可以產生30至450伏特的電擊（以每15伏特為一單位）。產生75至120伏特電擊的按鈕上有著「中度」標籤，135至180伏特的按鈕上寫著「強烈」，375至420伏特則標明「劇烈電擊，小心危險」，另外還有2個標示為「XX」的最高強度電擊按鈕。實際上，這個電擊器並不會真的產生電擊，只會在按下按鈕時發出一些噪音而已。

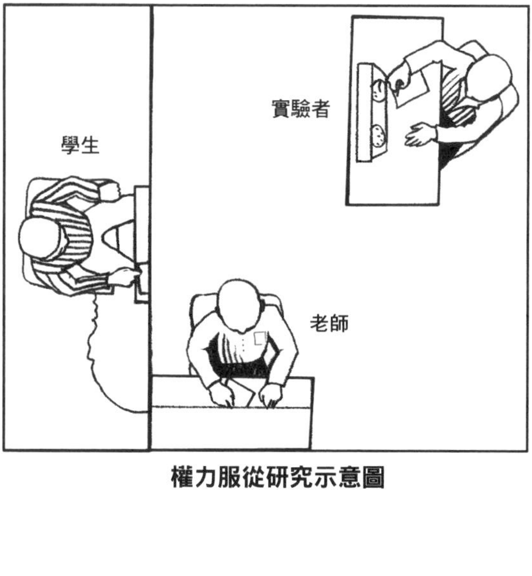

權力服從研究示意圖

③實驗者會告訴受試者，他的任務就是讓學生學會一些詞組，而當學生答錯的時候就要施予電擊作為懲罰。此外，每次電擊的強度都要比上一次增加15伏特。為了不讓受試者起疑，實驗者會先施予受試者15伏特的輕微電擊——然而，這其實是整個實驗過程中唯一一次真正的電擊。

④開始進行詞組配對測驗後，學生會慢慢開始刻意犯一些錯。而每當學生犯錯時，受試者就會增加懲罰的電壓。當假電擊的電壓達到75伏特時，學生會假裝吃痛而發出呻吟；達到120伏特時，學生會抱怨「實在太痛了」；達到150伏特時，學生則會開始尖叫，並要求被釋放。接下來每次增加電壓，學生的哀求都會變得更加懇切，甚至向受試者表明自己心臟有點問題。

⑤若受試者對於實驗流程提出質疑，實驗者就會跟受試者說「請繼續」、「你必須繼續」、「這個實驗需要你繼續下去」，或是「你除了繼續之外沒有其他選擇」。

⑥電壓達到300伏特時，學生會用力敲打牆壁，並大喊「實在受不了了」；而達到330伏特時，學生則會開始一聲不吭。這時，實驗者會告訴受試者，學生沒有反應也算答錯，並要求受試者再次進行電擊。

⑦當懲罰的電壓達到電擊器上的最大值時，實驗就會結束。

實驗結束後，米爾格蘭讓一群耶魯大學的學生猜猜看，多少受試者最後使用了最高電壓來懲罰學生。這群學生認為，100個受試者中，大概只有3人會用到最高電壓。然而令人震驚的是，其實有65％的受試者都用了高達450伏特的最高電壓！

雖然這些受試者在過程中的確經歷一番掙扎——舉例來說，他們會發出呻吟和緊張的乾笑，有些人甚至會開始顫抖——但大部分的受試者仍遵從了實驗者的指示，繼續進行實驗。

在實驗後的訪談過程中，米爾格蘭詢問這些受試者，認為剛才的電擊所造成的痛苦程度如何，大部分人的回答都是「極為疼痛」。但與此同時，他們會為了正當化自己的行為而開始貶低學生，說學生實在太笨了、本來就應該要被電擊。

透過這項實驗，米爾格蘭證明了在特定情況下，我們認知的所謂「正常人」也可能會為他人帶來極大痛苦。針對這些受試者唯命是從的行為模式，米爾格蘭提出以下解釋：

- 因為握有權力的人物（實驗者）在場，所以受試者的順從傾向會增加。
- 因為是由耶魯大學所發起的實驗，所以受試者認為應該是安全的。
- 分配老師和學生角色的過程看似是隨機的。
- 受試者認為實驗者應該是有能力判斷當下狀況的專家。
- 實驗過程中曾經告知受試者這些電擊會引發疼痛，但不至於造成危險。

因為倫理程序上的問題，米爾格蘭的這項實驗遭到了激烈的批評。過程中，實驗者讓受試者以為自己讓他人承受極大的疼痛，但實際上他們只是被佯裝痛苦的演員所欺騙了而已。因此，這個實驗讓受試者承受了巨大的心理壓力。此外，受試者認為自己在實驗中傷害了一個素未謀面的人，而這樣的錯誤信念也導致了他們的心理創傷。

Column

從歷史角度檢視權力服從研究

一九六一年，米爾格蘭開始進行服從實驗。而在不久之前，全世界的目光都聚焦在納粹戰犯阿道夫・艾希曼的審判過程。面對下令屠殺上百萬猶太人的指控，艾希曼卻辯解說自己僅僅是遵從上級的指示罷了。這項實驗不禁讓人重新檢視起這段歷史。

❖小世界實驗

雖然米爾格蘭最為人所知的是他惡名昭彰的權力服從研究，但他其實也參與了許多相對溫和的研究。

你有聽過「六度分隔理論」這個說法嗎？

其實，這項研究背後的推手正是米爾格蘭。

一九五〇年代，政治學家艾西爾・德・索拉・普爾及數學家曼弗雷德・科申提出了以下幾個引人深思的問題：「兩名素未謀面的人之間有共同朋友的機率為何？」「如果沒有共同朋友的話，這兩個陌生人要透過幾位朋友的轉介才能聯絡到彼此？」

而在大約10年之後，史丹利・米爾格蘭為了尋找這些問題的解答，進行了一項被後人稱為「小世界實驗」的研究。

◉**實驗步驟**

①米爾格蘭先是將300封寫有實驗指示的信寄給奧馬哈（位於內布拉斯加州）及威奇托（位於堪薩斯州）的居民，並選出一位波士頓（位於麻薩諸塞州）居民當作「目標人物」。

②接著，米爾格蘭要這300個人將信轉寄給他們認為最有可能認識「目標人物」的友人，且這位友人必須與他們是可以直呼名字的熟識關係。

③這些收到信的友人需遵從相同指示，將信轉寄給下一個人，形成鎖鏈般環環相扣的關係。

每當信件被轉寄給下一個人時，米爾格蘭都會收到一張明信片，並藉此記錄寄件人和收件人的關係。透過這項實驗，米爾格蘭發現，只要轉寄5到6次信件，就可以讓兩名陌生人聯絡到彼此，而且幾乎無一例外。

雖然史丹利・米爾格蘭的研究結果有時會讓人毛骨悚然，但他仍以前所未見的方式讓我們對人性有了更深入的見解。他充滿爭議卻十分經典的權力服從研究，讓我們得以一窺人性的黑暗面，而他的小世界實驗則展現了人與人之間的親密連結。

直到今天，米爾格蘭的實驗成果仍然具有一定的重要性和影響力，而他本人也是心理學及科學實驗史上最廣為討論的心理學家之一。

阿爾弗雷德・阿德勒

（一八七〇～一九三七年）

個體心理學

❖一切都跟「個體」有關

一八七〇年二月七日，阿爾弗雷德・阿德勒出生於奧地利維也納的一個猶太家庭中，父親是一名穀物經銷商。小時候的阿德勒受佝僂病所苦，直到4歲才學會走路，5歲時更染上肺炎而差點喪命。飽受疾病所苦的童年，讓他對醫療產生了興趣，並決心成為一名內科醫生。

從學校畢業後，阿德勒開始擔任眼科醫生，並在後來轉為全科醫生。當時，阿德勒的診所位於維也納較貧困的區域，正對面就是遊樂園和馬戲團的表演場地，因此他所接觸的病人大多是在馬戲團中表演的人。透過仔細觀察這些表演者異於常人的長處及短處，阿德勒發展出「器官卑弱理論」——他認為身體上有缺陷的人會因此產生自卑感，並試圖彌補自己的缺陷。這個概念在日後大大影響了阿德勒最重要的一些心理學理論。

隨著時間的推移，阿德勒開始從眼科轉向心理學領域。一九〇七年，他受邀參加由西格蒙德・佛洛伊德所主導的討論小組。這些小組會議逐漸轉型為後來的維也納精神分析協會，而佛洛伊德則將阿德勒任命為主席，並兼任協會定期刊物的共同編輯。

阿德勒身任協會主席時，仍毫不諱言自己對於佛洛伊德理論的不滿之處。後來，佛洛伊德和阿德勒兩人及各自的擁護者之間展開一場辯論。在這場辯論後，阿德勒與其他9位成員退出了維也納精神分析協會，並於一九一一年另組自由精神分析學會，隔年更名為個體心理學學會。

阿德勒與佛洛伊德一同對精神分析的發展做出了許多貢獻，但他也是第一批脫離精神分析學派並另立門戶的心理學家之一，而他將自己創立的嶄新體系稱為「個體心理學」。個體心理學中最具有影響力的概念之一就是「自卑情節」，指人都會設法克服與生俱來的自卑感，並在過程中發展出自己的性格及行為模式。

第一次世界大戰爆發時，阿德勒在對抗俄羅斯的前線擔任醫生，隨後又前往兒童醫院工作。二戰期間，雖然阿德勒已經皈依基督教，但納粹仍因為他的猶太血統而強制關閉他的診所。隨後，阿德勒前往美國，並接受長島醫學院的教授一職。一九三七年五月二十八日，阿德勒在巡迴演說期間心臟病發而逝世。雖然阿德勒去世得十分突然，但他對於心理學的貢獻卻是歷久不衰，更大致底定了接下來50年學界的討論走向。

❖個體心理學

佛洛伊德相信，人類共有的生理因素會形塑特定的行為模式；而阿德勒則相信，個體的行為模式奠基於每個人的經驗及環境、社會等因素，而個體的性格則是在情感、職業和社會等驅力的衝突中形成的。

心理學用語

自卑情結：指自卑或覺得自己沒有價值的感受。這種感受可能是全然無意識的，也可能只有部分是無意識的。若對這種感受過度補償，可能導致神經質的症狀。

優越情結：為了克服自卑情結而壓抑現有的感受。

基本上，阿德勒相信每個人生來都是獨一無二的，因此沒有任何一個人所提出的理論可以一體適用。正因如此，他將自己建立的理論命名為「個體心理學」。因涵蓋的主題甚廣，阿德勒的理論架構可說是十分複雜，但其中心原則非常簡單——每個人都會努力追求成功或優越感。

❖追求成功及優越感

阿德勒堅信主導個體行為的驅力有二——一是「優越感」，指對於個人利益的慾望；二則是「成功」，指對於群體福祉的渴望。我們與生俱來的肉體十分纖細、脆弱且有缺陷，因此會產生自卑感，並試圖努力克服這種感受。追求優越感的人總是不太關心他人，只在乎個人的利益，心理上不太健康；而追求成功的人將目標放在造福全人類上，不會在過程中迷失自我，心理上是健康的。

根據阿德勒的說法，一個人的性格特質來自於以下幾個外在因素：

- **補償**：當一個人因某些缺陷而不如他人時，他會努力消除這些缺陷。成功補足缺陷者，將在個人和社會層面上取得成就。
- **放棄**：指人們屈服於自我劣勢並與之妥協，而這也是大多數人會遇到的狀況。
- **過度補償**：指一個人過度執著於彌補自己的缺陷或弱點，因此在追求成功的過程中過於投入。阿德勒認為，這樣的人是有些神經質的。

阿爾弗雷德・阿德勒提出了與佛洛伊德截然不同的觀點，不只關注人類共有的生理因素，還更加重視個體的獨特性。由於他的想法與佛洛伊德及同時期的其他心理學家迥然不同，提供了後世另一種看待心理發展——尤其是兒童發展——的視角，並為今日的心理學奠定了穩固的基石。

群體基本理論

❖群體法則

群體在我們的日常生活中扮演著極其重要的角色，並會對我們的決策產生深遠影響。群體可以是負責做出重要財務決策的同事會議，也可以是討論下一餐要吃什麼的一群好友，其組成並不需要什麼特別的契機。

事實上，他人的存在本身就會明顯影響我們的行為，某些人可能因此提升表現或是變得無所作為，成員間還會形成共同遵守的規範及個別的角色分化。

無論是樂團、朋友圈、工作會議、運動隊伍或其他類型的群體，都會有某些相似的心理歷程，並遵從一定的法則。以下將列出幾項群體法則：

- **組成群體不需要特殊原因**：身處於群體之中會讓我們有歸屬感，因此人自然而然就會想要組成群體。
- **通常會有「入會儀式」**：剛加入一個既有團體時，通常會經歷特定的入會儀式。入會儀式可以是知識性的、金錢上的、肢體上的，或是建立在共同經驗上的。透過這些儀式，群體得以試探新進成員，並確保新成員珍惜身為群體一份子的機會。
- **群體會促進從眾行為**：群體成員通常必須遵守特定規範，而這些規範可能會強行改變成員的行為模式，使他們揚棄自己的正確判斷（艾許的從眾實驗就是一個非常好的例子）。
- **成員必須將群體規範銘記在心**：如果打破了群體所建立的規範，其他成員保證會讓你知道自己幹了什麼好事。
- **群體成員會各自扮演不同角色**：雖然全體成員都必須遵守同樣的規範，但群體中的每個成員也會逐漸開始扮演特定角色，並各自遵守相關的規範。
- **領導者通常不會馬上出現**：雖然有時群體中的領導者是事先指派好的，但大多數情況下領導者會先和其他成員一樣服從於群體之中，得到其他成員信任而信心增加後，才會開始受到其他成員的追隨。
- **群體可以提升個人表現**：他人的存在有時會讓人表現得更好——尤其是當任務可以獨立進行、個體表現的好壞可以被單獨衡量的時候。
- **有群體的地方就有小道消息，且絕大部分屬實**：一九八五年，一個在工作場域進行的研究顯示人們有8成的時間都在八卦，而令人驚訝的是，這些八卦有8成都是真的。其他研究也呈現類似的結果。

・**群體間會相互競爭**：一個群體中的成員可能會對另一個具有競爭關係的群體保持高度警覺，進而造成「我群」與「他群」的明顯區隔。此時，即使他方群體中的某個成員展現合作意願，整個群體仍可能被視為不可信賴或惡劣的。

❖社會助長

雖然你可能沒有意識到，但其實群體對於人的行為模式有很強大的影響力。每個人在群體中的行為模式都會與獨處時不太一樣。

我們獨處的時候，會處於一個較為放鬆的狀態，且較不在意自己的行為在外界看來是什麼樣子的——這是社會心理學中最為根本的理論。然而，若此時身旁有另一人的存在，原先的行為模式就會改變，並更容易察覺到周遭所發生的事情。

因此過去研究顯示，有他人在場的時候，人在執行簡易或熟悉的任務上會有更好的表現；然而，若是執行困難或不熟悉的任務時，則反而會表現得更差。這種現象就是所謂的「社會助長」，意指他人的存在會使得我們比平時更加努力，卻反而造成我們在困難或不熟悉的任務中表現下滑。

以打籃球為例，如果你是一個剛接觸籃球的新手，可能會覺得獨自練習比較自在放鬆，因為他人的存在會讓你過於注意自己的動作，反而容易出錯；然而，如果你是一個職業籃球選手，已經非常熟悉這些動作，那麼他人的存在反而會讓你想要大顯身手、進而增進表現。

❖群體決策

當整個群體一同進行決策時，可能會發生2種情況——「團體迷思」或「群體極化」。

①團體迷思

當一個群體在大部分議題上都達成共識時，任何不同意的聲音都可能被壓抑。多數情況下，團體追求的是和諧共處而不是爭論分歧，所以如果每個人都對現狀感到滿意，就不太會願意聆聽不同的意見。這種「團體迷思」會使群體忽略理解和考慮不同觀點的重要性，可能因此草草下決定而引發悲劇性的後果，例如：大規模暴動或濫用私刑等。為了避免這種團體迷思，我們平時應該多鼓勵群體成員誠實表達不同的意見。

②群體極化

群體極化指的是當一群人聚在一起的時候，可能會催化出每個成員獨自一人時不會產生的極端想法。舉例來說，在決策過程的一開始，群體中的成員可能只是有點反對某個立場，但在討論的尾聲卻演變為整個群體極度反對該立場，並因此採取極端措施。若想減少群體極化的現象，應該避免讓群體的同質性太高。

❖旁觀者效應

旁觀者效應可說是群體中可能發生的現象中，最具悲劇色彩的一種。研究發現，隨著群體規模的擴大，群體成員互相扶持的內在驅力反而會降低。雖然和「社會懈怠」有些相似，但旁觀者效應發生的主要原因是人在群體中會傾向跟從他人的行為，因此唯有在有人率先伸出援手時，人才會跟著出手幫忙。

需要特別注意的是，旁觀者效應只會在群體中出現。若在場的只有需要幫助者及一名旁觀者時，旁觀者通常會主動出手相助。

Column

旁觀者效應的知名例子

一九六四年三月十三日的凌晨3點20分，28歲的凱瑟琳・蘇珊・吉諾維斯下班回家時，在公寓的大門口遭到一名男子用匕首襲擊。當時，吉諾維斯不斷大聲呼救，聽到她求救並目睹這場意外發生的有將近40人之多，卻沒有任何人願意報警求助，因為這些目擊者都認為有其他在場的人會先報警。因此，直到3點50分才終於有人聯繫警方。

菲利普・金巴多
（一九三三至今）

史丹佛監獄實驗

❖一手打造監獄的男人

一九三三年三月二十三日，菲利普・金巴多出生於紐約市區。一九五四年，同時主修心理學、社會學及人類學的金巴多，於布魯克林大學取得學士學位。一九五五年，他在耶魯大學拿到心理學碩士學位，並於一九五九年取得心理學博士學位。

在耶魯大學短暫教書一陣子後，金巴多轉往紐約大學教授心理學，並在那任教到一九六七年。接著，在哥倫比亞大學任教1年後，他於一九六八年取得史丹佛大學的教師職位，並直到二〇〇三年才退休（雖然他到二〇〇七年才正式結束最後一堂演講課）。一九七一年，金巴多正是在史丹佛大學進行了他最具重要性與影響力的「史丹佛監獄實驗」。

雖然這項實驗讓金巴多聲名大噪，但他其實還進行了許多其他的研究，涵蓋主題如：英雄主義、害羞及邪教等等，更出版了50幾本書。二〇〇二年，金巴多被選為美國心理學會的主席，並創立了非營利組織「英雄想像計畫」，希望藉此促進人們的英雄式行為，並探討為什麼有些人會犯下惡行，而有些人則會做出英雄般的善舉。

❖實驗〈史丹佛監獄實驗〉

一九七一年，為了深入瞭解監獄系統中的虐待行為，並探討外在情形如何影響人類行為模式，菲利普・金巴多設計了這項實驗。他提出一個問題——當人的個體性及尊嚴遭到剝奪時，會發生什麼事？為了回答這個問題，心理學史上最直探人性深層的研究之一——史丹佛監獄實驗——就此誕生了。

在金巴多團隊的改造之下，史丹佛大學心理學系館的地下室成了一個「模擬監獄」。接著，金巴多在當地的報章雜誌上刊登招收受試者的廣告，表示會在為期2週的實驗期間內每天支付15美元費用。在所有報名者中，24位男性被選為正式實驗的受試者。這些受試者大部分都是中產階級的白人，且情緒跟心理狀態看起來都相當穩定。接下來，這24位男性被隨機分派為2組——12人擔任獄卒，另外12人則擔任囚犯，而金巴多則身任典獄長的角色。

實驗正式開始前，金巴多讓扮演囚犯的受試者先回家待著，等待進一步的指示。當他們到家之後，事先同意協助實驗的當地警方便會無預警地突襲搜查他們的家，並控告他們犯下武裝搶劫罪。然後這些警察就開始宣讀他們的權利、收集他們的指紋並拍攝嫌犯大頭照，接著要求他們脫下衣服並進行全身搜查、除虱，再把他們送進接下來2週要待的牢房中。

每個牢房都住有3名囚犯，囚犯必須整天待在牢房中；而獄卒則不必如此，只要值班時間結束就可以自由活動。此外，除了不可體罰外，獄卒可以隨心所欲地管理監獄裡的大小事。

實驗過程中，金巴多讓扮演獄卒的受試者穿上軍事風格的制服並戴上墨鏡（以避免眼神接觸）。此外，每名獄卒都配有一支木製警棍以彰顯權威；而囚犯則必須戴上絨線帽、穿著不舒適的工作服，且工作服內不允許穿著內衣褲。這些囚犯在獄中不能使用本名，只能以代號稱呼，其中一隻腳上還必須綁上細細的鐵鍊，以時時刻刻提醒他們自己是囚犯。在他們的牢房中，只有一個床墊及簡單的伙食。

◉實驗結果

實驗開始後僅僅6天，原先預定為期12天的史丹佛監獄實驗就被迫喊停了。

實驗第2天，第1間牢房的囚犯便用床墊堵住房門口，而其他非值班時間的獄卒則自願幫忙鎮壓這些暴亂的囚犯，並在過程中對他們使用滅火器。

接著，這些獄卒決定要設立一個只有沒參與暴動的囚犯才能入住的「特權牢房」，並在這個牢房中給予這些囚犯獎勵（例如：較高級的餐點等等）。然而，這些入住特權牢房的囚犯卻決定要與被鎮壓的囚犯團結一心，因而拒絕食用這些餐點。

實驗開始的36小時後，編號８６１２的囚犯開始發狂似地尖叫和怒罵，他失控的程度迫使金巴多不得不提前釋放他。

此外，獄卒開始用各種方式來懲罰囚犯。舉例來說，他們要求囚犯不斷複誦自己的代號、強迫他們運動或是沒收他們的床墊，讓他們不得不睡在又冷又硬的水泥地板上。獄卒還將使用馬桶變成一種特權，並時常不准囚犯使用淋浴間，僅在每個牢房中放個桶子，讓他們自行解決，並要求囚犯徒手清理馬桶。更誇張的是，獄卒甚至強制某些囚犯脫光衣服，藉此羞辱他們。

實驗過程中，有高達⅓的獄卒展現出虐待狂傾向，甚至連金巴多本人都有些沉醉在典獄長的角色扮演中。實驗第4天，監獄中謠傳提前釋放的那名囚犯將會回到獄中拯救其他囚犯。因此，金巴多跟獄卒將整個監獄移至另一層樓，而金巴多則留守在地下室，若那名囚犯真的回來時，就可以向他謊稱實驗已經提早結束。然而，最後那名囚犯並沒有現身，因此監獄又再次被搬回地下室。

當一名新囚犯加入監獄時，他依據指示以絕食來替其他囚犯的遭遇抗議。然而，其他囚犯不但沒有將這名新來的視為同甘共苦的獄友，反而把他視作禍源。當獄卒將這名新囚犯關在單獨監禁的牢房中時，他們給其他囚犯一個機會——可以交出自己的毛毯，讓這名新囚犯免於受到單獨監禁之苦。然而，僅有一名囚犯願意為他放棄自己的毛毯。

令人驚訝的是，即使這些囚犯被告知他們不會得到受試者費，仍沒有任何一名囚犯想要提早退出實驗。對此，金巴多得出的結論是這些囚犯已經接受並內化自己的角色，成為這個監獄體制的一部分。

實驗第6天，一名研究生被帶進監獄中訪問這些獄卒和囚犯。在看到監獄中的景象之後，她感到震驚不已，而這為金巴多帶來了監獄裡所看不到的外界觀點，並因此促使他提早結束這項實驗。事後金巴多提到，在造訪過監獄的15名訪客之中，她是唯一一個對於實驗的道德正當性提出質疑的人。

至今，史丹佛監獄實驗可說是最為重要也最具爭議性的心理學實驗之一。而根據現今美國心理學會的倫理守則，也絕對不可能重現這項實驗，因為其違反了許多目前的倫理標準。雖然在倫理上爭議不斷，但金巴多仍藉著這個實驗成功展現了情境對於人類行為模式的影響。此外，現實世界中也有不少例子可以作為佐證，包含發生於伊拉克的阿布格萊布監獄虐囚事件。

所羅門・艾許

〔一九〇七～一九九六年〕

從眾實驗

❖無遠弗屆的社會影響力

一九〇七年九月十四日，所羅門・艾許出生於波蘭華沙的一個猶太家庭中。艾許13歲的時候，他們舉家搬遷至美國，並落腳於曼哈頓的下東區。

一九二八年，艾許在紐約市立學院取得學士學位，接著進入哥倫比亞大學，在馬克斯・韋特海默的門下學習，並分別於一九三〇年及一九三二年取得碩士及博士學位。後來，艾許成為斯沃斯莫爾學院的心理學教授。他在任職的19年間，與同為完形心理學家的沃爾夫岡・科勒一同進行研究。

一九五〇年代，艾許因為在社會心理學領域中的研究及一系列開創性的「從眾實驗」，成為眾人矚目的焦點。而這一系列的實驗也讓他成為學界的寵兒，並幫助他建立起許多屹立不搖的社會影響力理論。

一九六六至一九七二年間，艾許在羅格斯大學的認知科學院擔任主任一職。一九七二至一九七九年，他在賓夕法尼亞州大學擔任心理學教授，並在一九七九年成為該大學的榮譽教授。一九九六年二月二十日艾許逝世，享年88歲。

❖實驗〈從眾實驗〉

一九五一年，所羅門・艾許設計了這項實驗，目的是為了瞭解來自大多數人的社會壓力如何使個體產生從眾行為。雖說艾許的從眾實驗是心理學史上最有名的實驗之一，但要重現這項實驗其實非常簡單。

◉實驗步驟

①本研究共有約6到8人參與。然而這群人中，除了其中一人外，其他人都是假扮成受試者的實驗同謀，而那名真正的受試者並不知道這件事。這些實驗同謀的任務就是讓受試者以為他們也是真正的受試者。

②實驗課題是18道簡單的圖片題，每道題目的答案都十分明顯。所有參與者都將輪流在其他人面前回答每一道問題。

③過程中，所有參與者坐成一排，而真正的受試者則會安排坐在最後面，這樣一來受試者就會是最後一個或倒數第二個回答問題的人。

④首先，給所有參與者看上面畫有一條線的卡片（左圖），然後向他們展示上面有3條標有A、B、C的線（右圖）。

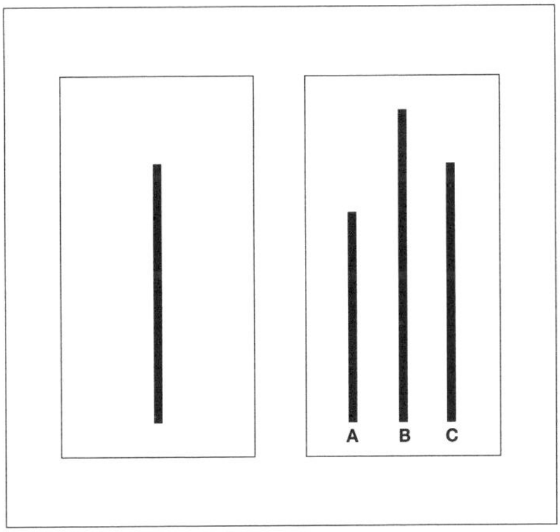

艾許從眾實驗中使用的卡片範例

⑤請每位參與者大聲回答A、B、C中哪一條與左圖的線最相似。
⑥前2道問題的答案需符合真實情況，讓受試者能放心回答。
⑦然而，到第3道問題時，實驗同謀就會開始給出同樣的錯誤答案。
⑧整個實驗總共有18道題目，而這些實驗同謀會在其中的12題都回答同樣的錯誤答案，這12道題就稱為「關鍵題」。
⑨這項實驗的目的就是觀察受試者是否會開始給出與其他人相同的答案，即使這個答案明顯是錯誤的。

◉實驗結果

令人驚訝的是，18道題目中，有高達75%的受試者會在至少一題中跟隨大多數人的腳步而答出明顯錯誤的答案。整理完實驗結果後，艾許的結論是有32%的受試者產生了從眾行為。為了確保這些受試者真的看得出線段長度的差異，艾許要求他們在實驗過程中寫下他們所認為的正確答案，而98%的狀況下受試者都答對了。這個數字比剛剛所說的高了許多，因為受試者僅需要寫在紙上，而不用大聲宣讀答案，所以群體所帶來的壓力不會造成太大的影響。

另外，艾許也試圖觀察參與者的人數是否會影響從眾行為。在除了受試者外只有另一名同謀時，受試者的答案幾乎不會受到影響；而當除了受試者外有2名同謀時，受試者的答案也只會稍稍受到影響；然而，當有3名以上的實驗同謀時，受試者受到影響的程度就會大幅增加。

另一方面，當線段的長度非常相似而難以判斷誰長誰短時，受試者的從眾行為也會增加。這表示人在不確定性高的時候，更容易求助於他人。因此，面對愈是困難的問題，從眾的機率就會愈高。

艾許也發現，如果其中一位實驗同謀給出正確答案，則即使其他同謀仍然給出錯誤答案，從眾行為還是會顯著下降（只有5～10％的受試者會展現出從眾行為）。這告訴我們，若要減少從眾行為的產生，社會支持是非常關鍵的因素。

◉對從眾行為的反思

實驗結束後，當被問到為何要跟從大家的答案時，大部分受試者都說他們知道其他人是錯的，但覺得若回答與大家不同的答案可能會被嘲笑，所以選擇了從眾；另一些受試者則表示，他們其實相信大家的答案是正確的。

對於從眾行為，艾許的實驗給了我們什麼啟發呢？

我們從受試者的回答中得知，從眾現象的產生主要有兩大原因：一是所謂的「規範性影響」，也就是人對於融入群體的渴望；二則是「資訊性影響」，意思是人相信群體一定比自己懂得更多，或是掌握更多資訊。這兩種想法都對群體中的個人行為有著深遠影響。雖然許多心理學家都設想過，群體之間的互動關係可能影響個體的知覺，但直到艾許進行這項鼎鼎大名的實驗，我們才有辦法真正體會到，人的知覺是多麼容易因外界壓力而改變。

約翰・華生
（一八七八～一九五八年）

行為主義

❖行為主義學派的創始人

一八七八年一月九日，約翰・布羅德斯・華生出生於南卡羅萊納州。父親在他年僅13歲時就離開家，迫使華生獨自在既窮困又偏僻的農場中長大。華生曾說自己小時候是個成績不佳又不守規矩的學生，看似註定要走上父親那條受輕率和暴力主宰的人生。然而，16歲的他竟成功錄取了弗曼大學。

5年後，華生順利從弗曼大學畢業，前往芝加哥大學攻讀心理學和哲學的博士學位。一九〇三年，華生放棄哲學學位，成功拿到心理學博士學位。一九〇八年，他開始在約翰霍普金斯大學擔任實驗與比較心理學的教授。

此時，華生已經開始發展出一些理論架構，而這些概念後來成為心理學全新的分支——也就是行為主義。受到伊凡・帕夫洛夫的理論啟發，華生開始研究生理學、生物學、動物行為以及兒童行為。華生相信，兒童與動物的基本運作模式是相同的，只不過兒童稍微複雜一些。他認為每一種動物都是一台非常精密的機器，會根據各自的「線路配置」——也就是透過經驗的制約而形成的神經通路——來應對不同的情境。

一九一三年，華生在哥倫比亞大學發表一場名為〈行為主義學者眼中的心理學〉演說。這場演講呼籲心理學家對心理學的研究方法進行大幅修正。他認為應該揚棄內省法，轉而研究行為，並主張應該將行為從意識中獨立出來研究。他表示心理學不應區分動物與人類的行為，而應該成為一門客觀的自然科學，且這門科學不僅可以預測行為，還能控制行為。此外，華生並不認為遺傳是形塑行為的重要因素之一，且不同意西格蒙德・佛洛伊德的人格結構概念。後來，華生的這場演講在當年的《Psychological Review》上發表為一篇文章，並被稱為「行為主義宣言」。

在這之後，華生持續在約翰霍普金斯大學擔任教職，直到一九二〇年因與他的研究助理發生婚外情而被辭退為止。一九二四年，華生憑藉對人類行為和心理的深入瞭解而轉戰廣告界，並在美國最大的廣告公司之一——智威湯遜——擔任副經理。

在過世的前5年，華生選擇隱居於康乃狄克州的一個農場。這時，他與子女原先就不太好的關係更加惡化，並在去世前不久焚燒了許多信件和未發表的論文，最後逝世於一九五八年九月二十五日，享年80歲。

❖實驗〈小艾伯特實驗〉

約翰・華生對伊凡・帕夫洛夫以狗為對象的制約實驗非常感興趣，想看看是

心理學用語

行為主義：行為主義學者認為人是被動的，僅僅是透過古典及操作制約來對環境中的刺激做出反應。基本上，人就像是一張白紙，所有行為都是正向或負向增強所產生的結果。此外，行為是可以直接觀察到的，所以在數據的收集與量化上都比較容易。時至今日，行為主義不再像20世紀中葉那麼炙手可熱，但仍然深深影響著我們育兒、教學及訓練動物的方法，並幫助我們改善適應不良或有害的行為模式。

否能進一步將行為制約的概念應用在人類身上，並透過古典制約引發人的情緒反應。

這項實驗的受試者是將近9個月大的嬰兒，當時華生稱他為「艾伯特・B」，現在多稱為「小艾伯特」。

◉實驗步驟

①實驗一開始，華生和研究助理羅莎莉・雷納（也就是華生後來的外遇對象）讓這名嬰兒接觸各種刺激，並記錄反應。這些刺激包括兔子、猴子、白老鼠、燒起來的報紙和面具等。起初，小艾伯特看起來絲毫不害怕這些刺激物。

②當華生再次給小艾伯特看白老鼠時，同時用錘子敲擊一根金屬管而發出一聲巨響。聽到這聲巨響後，小艾伯特開始嚎啕大哭。

③接著，華生多次同時呈現白老鼠與巨響。

④最後，即使沒有巨響，小艾伯特只要看到白老鼠就會開始哭泣。

如同「帕夫洛夫的狗」實驗，華生再次證明了可以讓受試對象對中性刺激產生制約反應。不過在實驗中，制約反應是發生在人身上，而且不僅限於生理反應，情感上也會有所反應。

此外，華生也注意到小艾伯特不只對白老鼠產生恐懼，而是開始害怕所有白色物體——這樣的現象被稱為「刺激類化」。舉例來說，小艾伯特在制約形成後，對各種白色物品——從白色的皮草大衣到聖誕老人的白鬍子——都會感到害怕。

實驗　小艾伯特實驗流程

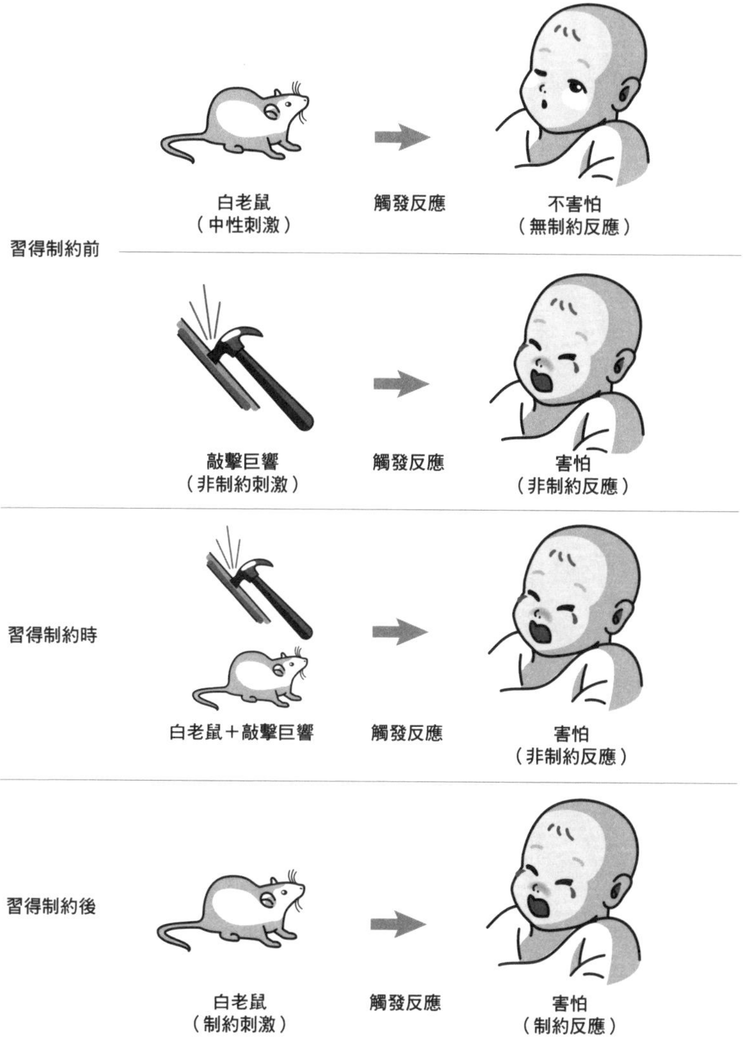

心理學用語

刺激類化：指個體對與制約刺激相似（但不完全相同）的物體產生反應的現象。

◉小艾伯特實驗的批評聲浪

雖然華生的小艾伯特實驗為心理學樹立了嶄新的里程碑，但同時因為諸多原因而遭受批評。有人認為實驗中並未客觀地評估小艾伯特的反應，僅是記錄華生和雷納對其反應的主觀詮釋。

此外，這項實驗引發許多倫理問題。時至今日，我們已經不太可能重現。因為這項實驗需要刻意驚嚇受試者，並引發他們的恐懼。所以除非受試者事先知情並且仍然同意參加，否則很可能會被美國心理學會視為不符合倫理標準而遭到否決。

儘管遭受到以上的批評和質疑，行為心理學家仍然從這項實驗獲得許多寶貴洞見，而這些重要的見解至今仍持續影響著心理學領域。

赫曼・羅夏克（一八八四～一九二二年）

墨漬測驗

❖從墨漬看性格

一八八四年十一月八日，赫曼・羅夏克生於瑞士的蘇黎世。他的父親是一名失意的藝術家，以藝術教學維生。從很年輕的時候，羅夏克就十分著迷於墨漬（也許是他父親的志業及他自身對藝術的熱情所致），在中學時期更得到「克列克斯（Klex）」這個綽號，即墨漬的意思。羅夏克12歲時，他的母親去世，父親也在他18歲那年逝世。

羅夏克以優異的成績從高中畢業後，為了取得醫學學位而進入大學就讀。一九一二年，他成功在蘇黎世大學取得醫學學位，並開始在許多精神疾患的醫療機構工作。

一九一一年，羅夏克在蘇黎世大學受訓期間設計了一項實驗。實驗中，羅夏克試圖使用墨漬來測試，是否較有藝術天賦的孩童也會較擅長用富有想像力的方式詮釋墨漬形狀。這項實驗不僅對羅夏克的研究帶來莫大助益，更是深深影響了整個心理學的光景。雖然羅夏克並不是第一個在研究中使用墨漬的人，但這項實驗可說是第一次將墨漬用在分析方法中。這項實驗的結果已經不可考，不過在接下來的10年內，羅夏克進行了無數其他研究，建立起一套可以僅用墨漬就瞭解性格特質的系統性方法。

身為精神病院的職員，羅夏克時常有機會接觸到病人。透過這樣難得的機會，加上他額外找了許多情緒和精神狀態穩定的樣本，羅夏克成功用墨漬建構一套系統性測驗，用來分析並呈現人的性格特質。

一九二一年，羅夏克在《Psychodiagnostik》一書中展現研究成果。這本書中，他談到自己對於性格的一套理論。書中的主要概念之一是所有人身上都有內向與外向的性格特質，並同時受到內在與外在的因素所影響。羅夏克相信，可以用墨漬測驗來量測這些特質在一個人身上的相對比例，藉此發現精神上是否有潛在的優勢或異常之處。

然而，羅夏克的書剛出世時，並沒有受到精神醫療社群的關注，因為當時大多數人相信性格是無法被測量的。直到一九二二年，部分精神科醫師逐漸發現墨漬測驗的優點，而羅夏克則在精神分析協會的例會上談到自己編修測驗的計畫。然而，一九二二年四月一日，羅夏克為腹部疼痛所苦1週後，因闌尾炎而入院，並在隔日逝世。當時的他年僅37歲，卻再也無法見證墨漬測驗往後的非凡成就了。

❖實驗〈羅夏克墨漬測驗〉

羅夏克墨漬測驗中，由10張印有墨漬的圖卡組成，其中5張是黑色的、2張為紅黑相間，另外3張則是彩色的。負責操作測驗的心理學家會依指定順序呈現這些圖卡，並詢問病患：「你覺得這可能是什麼？」在病患看完所有圖卡並針對每張圖卡做出猜測後，心理學家會再次一張張呈現這些圖卡。接著，病患要列出他們在圖卡上看到的所有東西，並說明他們在哪裡看到，以及墨漬的哪個部分讓他們覺得與之相似。

過程中，病患可以自由傾斜、旋轉、甚至倒轉印有墨漬的圖卡，依他們希望的任何方式對圖卡動手腳。負責測驗的心理學家必須記錄病患的一切所作所為，以及這些反應發生的時間點。測驗結束後，這些反應會被用於分析，並轉換為分數。經過一系列的數學運算，得出測驗的成果報告，而心理學家則會用實證資料來解釋該報告所呈現的內容。

如果在剛看到圖卡時沒有做出任何反應，或無法描述所看到的東西時，可能就代表病患對圖卡所代表的主題有某種障礙，或是當下不想面對圖卡所涉及的議題。

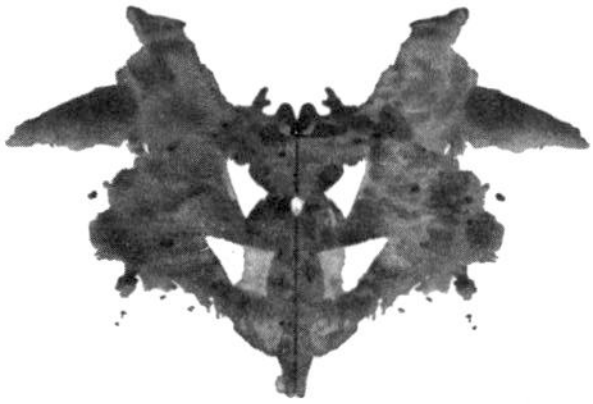
❶

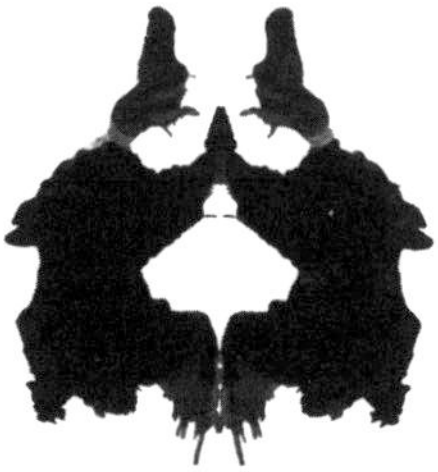
❷

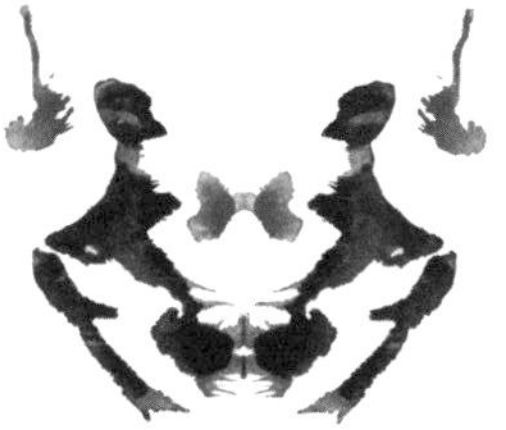
❸

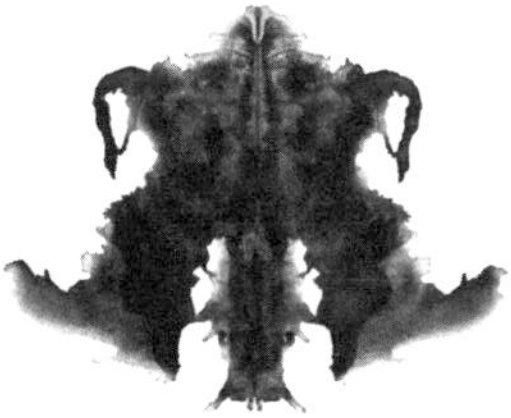
❹

❺

❻

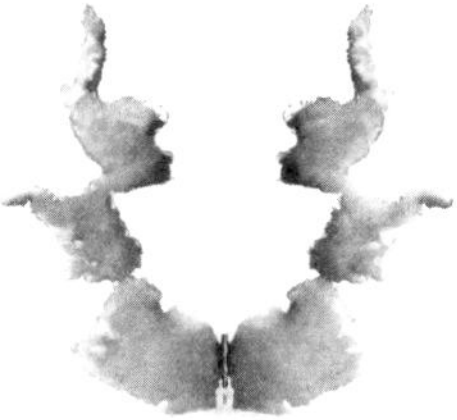
❼

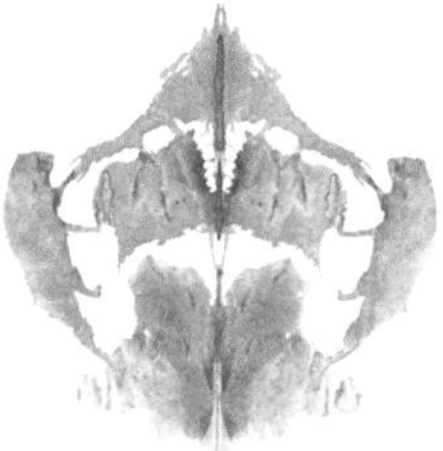
❽

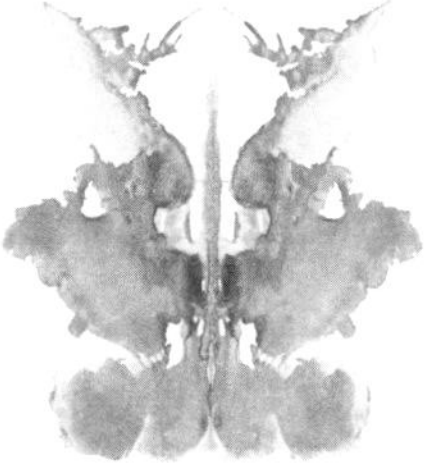
❾

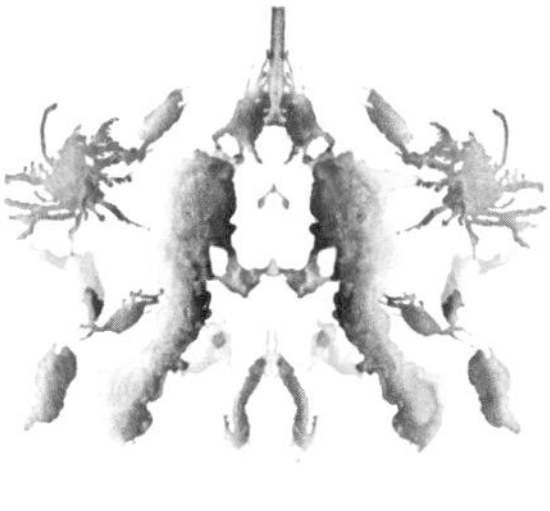
❿

圖卡①

全由黑色墨漬構成。這是病患接觸到的第1張圖卡，因此可從病患對這張圖卡的反應，得知其在面對新穎且壓力大的任務時會如何因應。圖卡上的墨漬常被形容成蝙蝠、蛾、蝴蝶，或是某種動物（如：大象或兔子）的臉。這張圖卡通常可以反映觀看者自身的本質。

- 雖然對某些人來說，蝙蝠是不潔和邪惡的象徵，但也可以代表走過黑暗得到重生的意象。
- 蝴蝶是轉變及蛻變的象徵，或是代表不斷成長、改變和戰勝的能力。
- 蛾象徵遭到忽視的情緒及醜陋的感受，也可以代表我們的弱點或逆鱗。
- 動物的臉——尤其是大象的臉——象徵我們處理問題的方式，以及直面自己內在心結的恐懼。此外，也可能象徵「房間裡的大象」，也就是我們顯而易見卻總是避而不談的問題。

圖卡②

墨漬紅黑相間，常被認為有性方面的含義。墨漬中紅色的部分常被解釋成血液，病患的回答反映出他們處理情緒、身體上受傷或憤怒的方法。大部分人認為這張圖卡很像正在祈禱或看著鏡子的人，也有人認為像兩個人或4隻腳的動物（如：狗、熊或大象等）。

- 看見兩個人，代表病患或許有關係成癮或性愛成癮的傾向，也可能對性有自相矛盾的感受，或病患十分注重與他人發展關係。
- 看見一個人看著鏡中倒影，代表病患有自我中心或自我反省的傾向。這類特質可以是正面或負面的，端看個人感受而定。

•看見狗，可能表示十分體貼、記憶力強且天資聰穎，但也可能象徵負面的自我身體形象。
•看見熊（bear），可能表示病患具有強烈的攻擊性和競爭心，也有獨立和復生的意象。此外，也可能是「裸（bare）」這個字的變形，象徵脆弱、真誠或毫無防衛的狀態或感受。
•這張卡的性意味濃厚，所以看見祈禱的人或許象徵著該病患在信仰之宗教的脈絡下對於性的看法。若認為墨漬紅色的部分是血液，可能象徵病患將身體上的苦痛與宗教進行聯想，或病患在經歷如憤怒等強烈情緒時，通常會求助於宗教，或表示病患將憤怒與宗教產生了連結。

圖卡③

墨漬也是紅黑兩色。這張圖卡表現的是病患在社會互動中與他人的關係。通常病患會在這張圖卡上看到兩個人或一個看著鏡子的人、蝴蝶或蛾等。

•看見兩人一同吃飯，代表病患的社交生活對其有十分正向的影響。
•看見兩人一同洗手，代表病患有不安全感，或害怕自己不乾淨的恐懼感、過於偏執的情緒。
•看見兩人一同玩遊戲，代表病患傾向將人際關係視為一種競爭。
•看見一個望向鏡子的人，代表病患較自我中心而不顧他人，或無法看清人們的本質。

圖卡④

常常被稱為「父親之卡」，上面的墨漬由黑色墨水與陰影所構成。許多病患會在這張卡上看到一個龐大且有點嚇人的事物（如：巨大的動物或怪物、動物的毛皮），而這個意象通常會被視為男性而非女性。這張圖卡和病患對權威和自身成長環境的感受有關。

• 看見一隻巨大的動物或怪物，可能象徵著病患面對權威而產生的自卑感，或是在父親等權威人物面前被放大的恐懼感。

• 看見動物毛皮，可能代表病患在談論父親時會感到非常不自在；但反過來說，也可能是病患對權威和自卑等問題感到沒什麼。

圖卡⑤

畫著黑色墨漬，且與圖卡①一樣，可以反映出觀看者的本質。病患通常不覺得這張卡上的圖樣具有威脅性。此外，因為上一張圖卡比較有挑戰性，這張圖卡感覺相對來說容易，且通常可以觸發較詳盡的回應。如果病患給出的答案和圖卡①有所出入，則可能表示圖卡②到圖卡④對病患造成了某些影響。常見的反應包含：蝙蝠、蝴蝶或蛾。

圖卡⑥

由黑色墨漬所構成，其最突出的特色在於墨漬紋理十分鮮明。此圖卡通常會使人聯想到人與人之間的親密互動，因此又稱「性愛之卡」。看到這張卡片的大多數病患會回答動物的毛皮，代表對親密關係有所抗拒，並因此感到空虛及疏離。

圖卡⑦

同樣由黑色墨漬構成，常與女性特質有關。病患對此圖卡的回應中常有女性及孩童的意象，因此又稱「母親之卡」。若病患在回應時遇到困難，則可能表示其與身邊的女性在互動上出現問題。對這張卡的常見反應包含：女性或孩童的頭部、臉部，以及親吻的畫面等。

- 看見女性頭部，象徵病患對母親的感受，且會影響其對其他女性的看法。
- 看見小孩頭部，象徵病患對童年的感受，以及照顧自己內在小孩的需求。此外，也可能表示病患需要正視並修復自己與母親的關係。
- 看見即將親吻的頭部，象徵病患對愛的渴望，以及與具有母親形象的角色重新建立連結的需求。這代表病患曾經與母親十分親密，現在則轉而在其他類型的關係中找尋同樣的感受，包含：愛情及朋友關係等。

圖卡⑧

這張圖卡十分豐富多彩，由灰、粉、橘及藍色墨漬所組成。不僅是首張彩色圖卡，卡上的圖樣也極為複雜。因此，若這張圖卡的出現或突然的步調轉變讓病患感到不自在，則可能表示其不太能夠處理複雜的狀況或帶有情緒的刺激。常見的回答包含：4隻腳的動物、蝴蝶或蛾。

圖卡⑨

由綠、粉及橘色墨漬所組成，圖樣十分模糊，因此難以具體想像出特定物品。而正是因為大部分病患都難以說出看到什麼，透過這張圖卡可以看出病患是否能掌握缺乏清楚架構的情況。對於這張圖卡的常見反應包含：一個沒有特定形體的人，或是一不明的邪惡形體。
- 看見一個人，則該病患對於此人的感受，就象徵其對不確定狀況和資訊的應對方式。
- 看見邪惡形體，表示此病患需要有清楚的架構才能感到自在，不太能忍受模糊不清的狀況。

圖卡⑩

羅夏克墨漬測驗中的最後一張卡，同時也是最繽紛的一張，上面有著橘、黃、粉、綠、灰與藍色墨漬。結構上來說，這張圖卡與圖卡⑧有些相似；但就複雜程度而言，則和圖卡⑨較為相近。許多人認為這張圖卡讓人看著心生愉悅，但因過於複雜而不喜歡圖卡⑨的病患可能會認為這張圖卡有些不討喜，而這代表他們不太擅長面對相似或一致性高的刺激。對這張圖卡的常見反應包含：螃蟹、龍蝦、蜘蛛、蛇、毛毛蟲及兔子的頭部等。

- 看見螃蟹，可能代表病患常會過度執著於某些人事物，或是象徵堅忍不拔的毅力。
- 看見龍蝦，代表病患具有力量、恆毅及克服各種瑣碎問題的能力。此外，龍蝦也象徵著對於受傷害的恐懼，而這裡指的傷害可能是自己或他人造成的。
- 看見蜘蛛，代表病患有著恐懼、糾纏不清，或因撒謊而陷入不自在狀況的感受。此外，蜘蛛也象徵著蠻橫霸道的母親，以及女性所掌握的權力。
- 看見兔子頭部，此為豐饒的意象，代表一片光明的前景。
- 看見蛇，此為危險的象徵，代表遭到欺騙的感受或對於未知的恐懼。此外，蛇也可以視為陽具的象徵，與不被世人所接受的禁忌性愛有關。
- 看見毛毛蟲，因為本張圖卡出現於測驗尾聲，這意象象徵著病患未來仍有成長空間，或病患意識到自己是不斷更迭且持續進化的。

視覺感知

❖我們如何見到所見事物？

人類藉由「感覺器官」接收資訊，包括：耳朵、鼻子和眼睛等，而這些感覺器官都隸屬於負責接受資訊並將其傳送至大腦的「感覺系統」。在視覺感知的研究領域中，心理學家總是試圖瞭解感覺器官所傳送出的資訊如何成為我們知覺的基礎。換句話說，這些心理學家試圖解釋「為什麼光進入你的眼睛，你就可以看得到眼前的椅子」、「為什麼聲波朝你靠近時，你會以特定方式接收到聲音」等問題。

雖說如此，關於刺激物中蘊含的資訊對人類知覺的影響程度，心理學家至今仍沒有一個定論。為了解釋我們是如何處理這些資訊的，心理學家提出2個主要理論——「由上而下」及「由下而上」的處理歷程。在心理學領域中，這兩個理論都有其忠實的擁護者。

❖由上而下的處理歷程

一九七〇年，心理學家理察・格里高利提出一個想法——人類的知覺並非被動形成的，而是人看到某個東西時，就會從以往的知識中提取資訊，並對眼前的事物提出假設，而這些假設大部分時候都是正確無誤的。所謂由上而下的處理歷程，仰賴的是辨識特定模式，以及運用情境中的資訊。舉例來說，如果你今天想看懂某人寫得很醜的字，光要試圖看懂其中一個字，會比看懂整個句子來得困難，這就是因為句子中其他字的意思會為你提供情境，進而幫助你理解。

根據格里高利的估計，在進入我們眼睛的資訊中，大約有9成會在抵達大腦前消失。接著，大腦就會主動運用過去的經驗來建構對現實的感知。人類的知覺歷程十分仰賴這種不斷建立假設再進行驗證的過程，如此一來，感覺器官呈現給我們的資訊才會是合乎邏輯的。當感覺受器從外界環境接收資訊時，這些新資訊就會和我們從過去經驗中所存取的各種資訊相互結合。

◉奈克方塊

奈克方塊常被用來支持由上而下的處理歷程，因其驗證了我們錯誤的假設會造成知覺上的錯誤——「錯視」就是其中一例。

如果你輪流盯著方塊中的不同頂點看，你會發現這個方塊的方向似乎會隨之翻轉。也就是說，這個方塊的形狀似乎不是一成不變的，而會製造出兩種截然不同的知覺。

由上而下處理歷程的擁護者認為，這是因為大腦根據感官輸入及過去經驗而得出兩個可能性相同的假設，且在兩者之間搖擺不定。

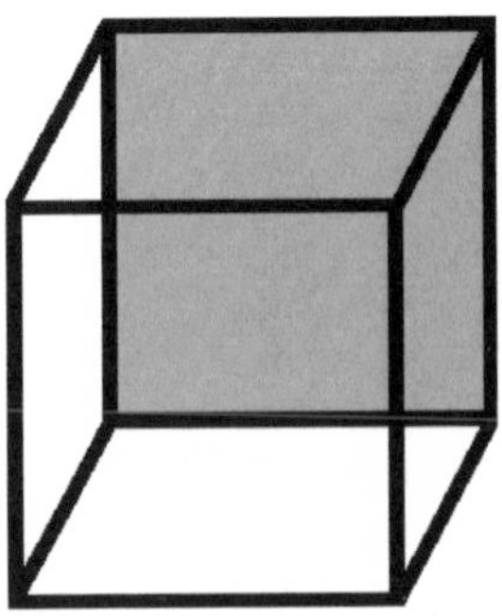

奈克方塊

❖由下而上的處理歷程

並非所有心理學家都認為由上而下的處理歷程是詮釋視覺刺激的正確方式。心理學家詹姆斯・吉布森就不太同意這個假設檢定的說法，他認為知覺應該是更加直接的。

吉布森相信，感知是直接由物理世界所得來，因為我們周遭的環境其實提供了十分足夠的資訊。在他的由下而上理論中，認為我們並不會主動詮釋或處理所接收的資訊，因為這些資訊本身就足夠詳盡了。

為了更加瞭解吉布森的概念，你可以試著想像以下情境：你正坐在快速移動的火車上，而在火車前進的過程中，離你比較近的物體會以比較快的速度掠過你的眼前；離你較遠的事物則較慢掠過。因此，你可以從物體移動的相對速度得知其距離。

在由下而上的處理歷程中，知覺是由刺激物所產生的，且只會進行單向分析——僅是把原始的感覺資訊逐漸拆解成更加複雜的分析結果而已，因此又稱「資料驅動」。

二戰期間，吉布森和幾位飛行員一同研究深度知覺後，提出了以下結論：對於物體表面的知覺比深度及空間知覺來得重要，因為我們可以從

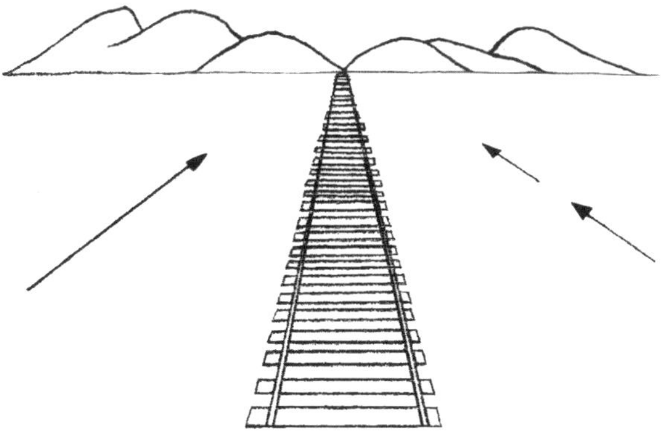

從火車車尾看出去的樣子

物體表面上的特徵來分辨不同的物體。除此之外，他認為瞭解物體的功能也是知覺的一環。舉例來說，我們可以看出某個物體應該是要給人坐的、給人丟的或是給人扛的。

在空軍服役的這段期間，吉布森發現了他稱之為「光流」的現象。當飛機即將落地時，跑道上飛行員預定降落的點看起來是靜止不動的，而點的周圍則會看似遠離該點。吉布森認為，這種光流能為飛行員提供速度、方向和高度的準確資訊。有了光流的概念，吉布森的由下而上處理理論就變得更加完善，且可以將其分成3個不同的部分說明。

◉承擔特質

「承擔特質」指的是可以幫助我們形成知覺並為物體賦予意義的環境線索。

吉布森認為，賦予物體意義的並非我們的長期記憶，而是可以直接由物體的外觀來瞭解其可能用途。舉例來說，看到椅子我們就會知道是用來坐的；而看到梯子我們則會知道是用來爬上爬下的。

以下是一些重要的承擔特質：

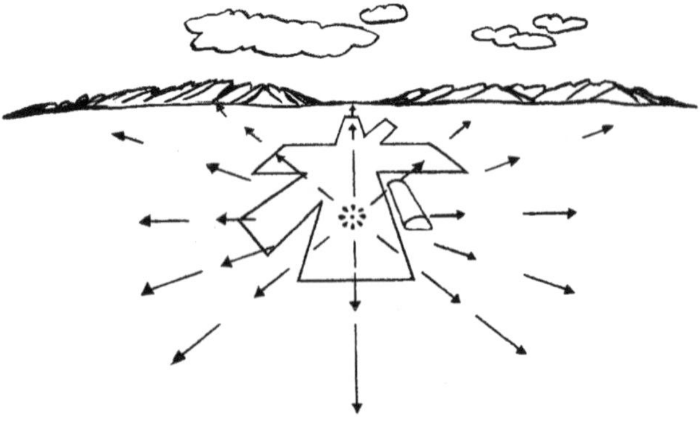

光流如何指引飛行員降落

- **光陣**：來自環境並進入眼睛的光之型態。
- **相對亮度**：較亮、較清楚的物體看起來離得比較近。
- **相對大小**：當物體遠離我們時，會看起來愈來愈小。因此看起來較小的物體會看起來較遠。
- **視野中的高度**：當物體離我們較遠時，通常會位於視野中較高的位置。
- **質地梯度**：當物體遠離我們時，物體的紋理會變細。
- **線性透視**：平行線往遠方延伸，會漸漸收攏成一點。
- **重疊**：當A物體遮擋了B物體，使觀看者看不到B物體時，A物體會看起來較B物體接近。

◉光流

如果光陣中沒有任何變化（無光流產生），就代表觀看者是靜止不動的；相反地，若光陣中有所變化（有光流產生），則表示觀看者正在移動。

光流有可能從一特定點往外發散，或向著一特定點收斂。觀看者可以根據光流移動的中心點，判斷自己正在往

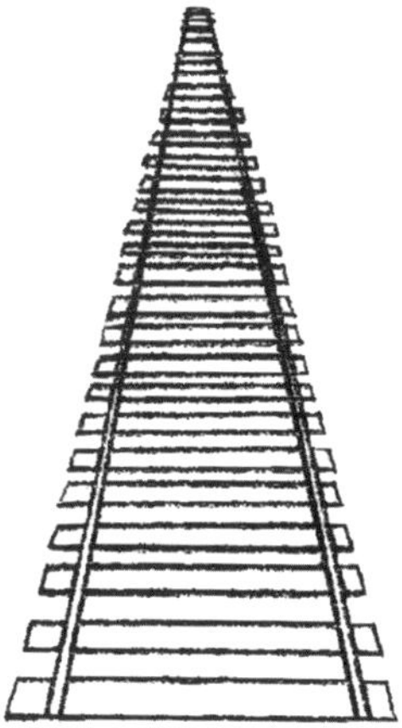

線性透視

往遠方延伸時，平行的兩條線（如鐵軌等）會看起來逐漸往彼此靠近。

質地呈現深度

質地梯度讓圖形看起來有一定的深度。

哪個方向移動。如果光流向著某一特定點而收斂，代表觀看者離該點愈來愈遠；反之，如果光流從某一點往外發散，則代表觀看者逐漸靠近該點。

◉不變性

每當我們移動眼睛及頭部，或是四處走動時，周遭的物體就會在我們的視野中進進出出。因此，我們很少會看到固定不動的物體或是景象。

當我們向某個物體靠近時，該物體的質地就會向外擴張；而當我們遠離某個物體時，物體的質地則會向內收縮。

由於我們四處走動時，周遭物體質地的變化方式都是一致的，因此我們將這種一致的流動稱為「不變性」。這種不變性提供我們周遭環境的相關資訊，且在辨識深度時是不可或缺的線索。

質地與線性透視都是不變性的典型例子。

格里高利和吉布森兩人的理論都無法精確解釋所有知覺現象，因此也有人提出其他理論，認為「由上而下」和「由下而上」的處理歷程會相互作用，以找到最佳的解釋方式。無論哪個說法才是正確的，格里高利和吉布森的理論都對於研究知覺這個深奧問題的心理學家提供了一盞明燈。

完形心理學

❖將行為與心靈視為一個整體

完形心理學由馬克斯・韋特海默、庫爾特・考夫卡及沃爾夫岡・科勒於一九二〇年代創立，這個學派的核心概念是我們不應該個別研究行為和心靈中錯綜複雜的機制，而是要將它們視為一個整體，因為這才是人經驗各種事件的方式。

完形心理學家認為「事物的整體不僅僅是其個別部分的總和」。透過這個概念，他們將人組織知覺的方式拆解成一系列的基本原則，藉此解釋人的知覺如何將較小的物體相互組合成較大的物體。完形心理治療也運用了同樣的概念，透過檢視個體的行為、言語及經驗世界的方式，幫助個體變得更完整或更懂得覺察。

❖知覺組織的完形法則

為了展現「整體不僅是個別部分總和」的概念，完形心理學家歸納出一系列基本原則，稱為「知覺組織的完形法則」。

這些原則其實就是人為了快速解決問題而在知覺上所抄的捷徑。完形法則成功解釋了人是如何將較小的物體組合成較大的物體，並展現整體和個別部分的總和的確是不同的。

相似法則

我們總是會將相似的物體歸類在一起。

例如圖①中，我們通常會看到垂直排列的圓形和方形圖案。

簡潔法則

德文中，pragnanz有「好的形狀」之意。這個法則的意思是，我們會以最簡單的形式來詮釋看到的圖像。

舉例來說，圖②中不會看到一堆複雜的幾何圖形連接在一起，而只會看到簡單的五個圓圈。

接近法則

接近法則指我們會將較靠近的物體歸類為同一組。

圖③中，右邊幾個圓形看起來分成水平的兩組，而左邊的圓形則像是分成垂直的兩組。

連續法則

連續法則說明我們會自動把連續的點串接成最平滑的直線或曲線，且串接而成的線看起是連續的，而非各自獨立的線條和角度。

舉例來說，圖④中我們並不會把下方的點與上面一系列的點分開看待，而是將下方的點所構成的曲線視為上面線條的延伸。

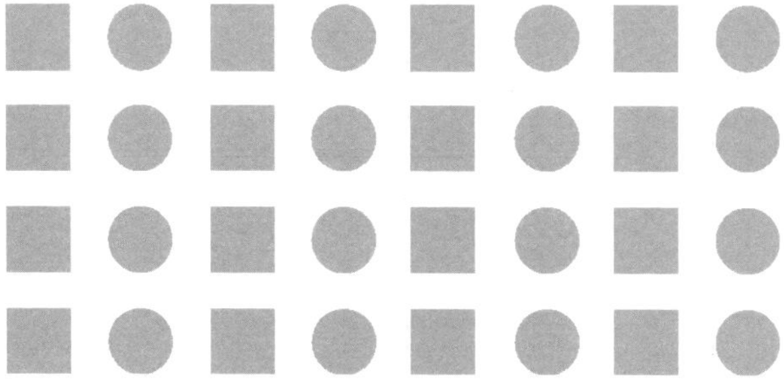

❶我們會看到相似的圖形被分成一組

❷我們會看到最為簡單的分組方式

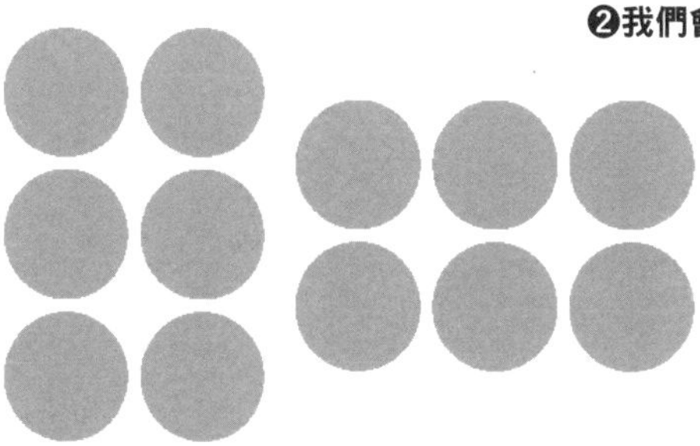

❸我們會將相近的圖形分為一組

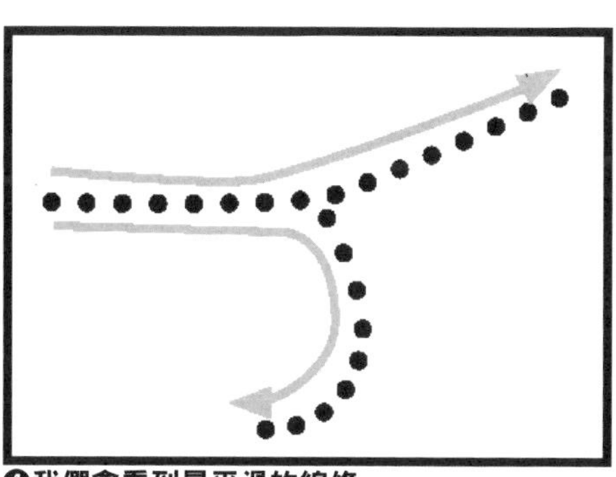

❹我們會看到最平滑的線條

封閉法則

封閉法則的概念是當物體被分成同一組時，我們的腦為了讓整組看起來像一個整體，會自動填補物體之間的空缺。

舉例來說，圖⑤中物體之間的縫隙會自動被大腦忽略，並讓我們看到中間白色倒三角形完整的輪廓線。也就是說，我們的大腦會自動填補圖中缺漏的資訊，並藉此製造出我們所熟悉的三角形和圓形。

主體背景法則

主體背景法則是指我們通常只會把圖形的一部分視為主體（又稱為前景），而將圖形中其他部分視為背景。

就如圖⑥，你可能會看到一個花瓶或是兩張側臉，且不會同時看到兩種圖像。

❖完形心理治療

一九四〇年代，佛德列克及蘿拉・波爾斯這對夫婦創立了完形心理治療，其思想融合了完形學派早期的知覺研究，以及其他心

❺我們在物體的空隙中也會看到圖形

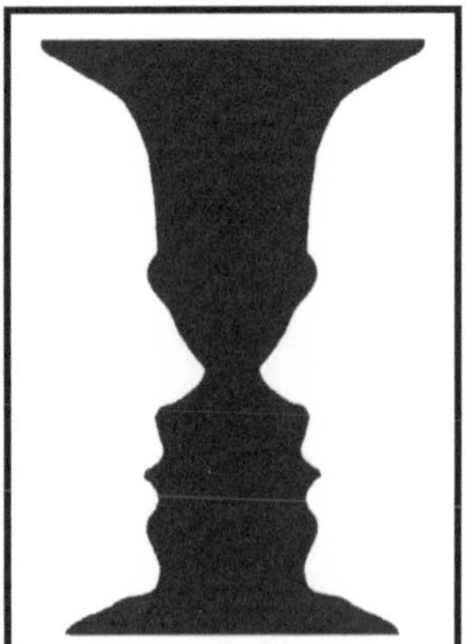

❻我們會自動辨識圖形中的前景和背景

理學家的思想（諸如西格蒙德・佛洛伊德和卡倫・荷妮等），甚至加入了劇場的概念。

如同完形心理學專注於整體的概念，完形心理治療同樣關注在人的整體上。為了達成此目的，完形心理治療師十分在意一個人的行為、言語、姿勢，以及與周遭世界互動的方式。

早期的完形心理學專注於研究「主體背景理論」中的主體和背景，而完形心理治療則引用了主體和背景的概念，幫助個體提升自我覺察的能力。完形心理治療能夠幫助個體瞭解自己在各種情境背景之下所扮演的角色，找出自己尚未被解決的情緒。

◉常見的完形心理治療技巧

・角色扮演

角色扮演能幫助個體找到尚未處理的情境或問題的解方。

最常見的角色扮演技巧是所謂的「空椅技術」，執行方法為讓個體假想有人坐在一張空椅子上，並與那張椅子進行對話。這個技巧不僅提供個體抒發情緒的管道，更能幫助個體找到全新的解決方案。

・夢境分析

完形心理治療師相信，從夢境中可以一窺個體的心靈以及過去的創傷經驗。

其中有個常見技巧是讓個體連續2週都寫下自己的夢境，再從中選出感覺最重要的夢，並在現實中將夢境演出來。在這個過程中，個體得以與自己揚棄已久的過去經驗重新建立連結。

・用棍棒捶打沙發

讓個體用軟球棒或裝有護墊的棍子用力捶打沙發，藉此釋放心中的怒氣。

透過具體想像並用棍棒捶打感到生氣的對象，可以釋出阻礙自己前進的怒氣，進而關注真實的自我。

・對自己說出「我察覺到……」

這是最知名卻也最單純的一項技巧。

完形心理治療的主要目的之一是讓個體學習覺察自己，因此首要任務就是提高個體的覺察能力。而提高覺察能力的其中一個方法，就是對自己說出「我察覺到……」開頭的句子，並藉此定義自我。舉例來說，你可以說出「我察覺到我正坐在自己的桌子前」或「我察覺到我現在有些悲傷」這類句子。這個技巧能幫助個體專注在當下，並瞭解到感受與評斷、詮釋是不同的。此外，也能幫助個體更加瞭解其看待自己的方式。

認知心理學

❖瞭解自己的大腦運作

認知心理學是心理學的一個分支，主要研究人如何學習、處理及儲存資訊。

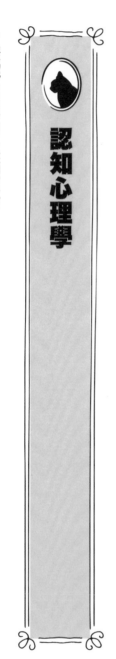

一九五〇年代之前，行為主義可說是主導了整個心理學界。然而，在接下來的20年內，心理學的重心開始從研究可直接觀察的行為，轉移到研究內在的心智歷程，研究主題包含注意力、記憶、問題解決、知覺、智力、決策及語言處理等等。

認知心理學和精神分析學派有著極大的不同。在探討人的心智歷程時，認知心理學採用的是科學研究方法，而精神分析則大多仰賴精神分析師的主觀看法。

現今，我們常常把一九五〇到一九七〇年代的這段時間稱為「認知革命」，因為各式各樣的處理模型和研究方法都是在這個時期發明出來的。認知革命一詞首次出現於美國心理學家烏爾里克・奈瑟於一九六七年發表的著作《Cognitive Psychology》之中。

認知心理學的2項基本假設

①我們可用科學方式來辨識及探討個別心智歷程。

②我們可用演算法或資訊處理模型中的規則來描述內在的心智歷程。

❖注意力

認知心理學中，注意力指的是人如何主動處理自己環境中所存在的種種資訊。

舉例來說，現在正在讀這本書的你或許也正同時被周遭的景象、聲音和感覺所包圍——像是你手上這本書的重量、你身旁的人講電話的聲音、你坐在椅子上的感受、你窗外那棵樹的樣子，或是你前不久和別人對話的內容等等。

認知心理學家很想知道，人是如何在同時經歷這麼多種感官刺激的同時，仍能夠全神貫注在其中一種感官或是任務上。

◉注意力的4種類型

①集中性注意力：對於特定聽覺、觸覺或視覺刺激形成的短期反應，其持續時間可短至僅僅8秒鐘。舉例來說，如果電話鈴響或突發事件發生，可能會在短短幾秒持續佔據我們的注意力，但我們很快就會將注意力轉移回手邊的工作，或是單純開始思考一些和電話鈴響、突發事件無關的事情。

②持續性注意力：能在長期且重複的情境下，持續產生穩定成果的專注力。這種專注力特別適用於需要長時間持續執行的工作。舉例來說，如果一個正在洗碗的人有持續性的注意力，就能專注地把手邊的碗全部洗完；反之，如果這個人失去專注力，可能會洗到一半就停下來，然後跑去做別的事。大多數的青少年和成人都無法在同一件任務上持續專注超過20分鐘，因此需要不斷重新專注於手上的任務，這樣才能對持續時間較長的事物（如一部電影）保持專注力。

③分散性注意力：同時專注於多項事物的注意力。這類型注意力有其限制，並且會影響資訊處理的程度。

④選擇性注意力：能專注於特定事物並過濾掉其他不相干事物的注意力。舉例來說，如果你身處非常吵雜的派對現場，雖然周遭有各式各樣的對話在同時進行，但你仍然能夠專注於自己正在進行的對話。

◉不注意視盲—看不見的大猩猩

當一個人所接收的感官刺激超過其可以負荷的極限時，就可能出現「不注意視盲」的狀況。

不注意視盲指的是雖然刺激物就在某人的正前方，卻沒有注意到的情形。每個人都有可能經歷不注意視盲，因為我們的身心都是有極限的，不可能同時注意到身邊的每個刺激物。呈現不注意視盲現象實驗最知名的，就是丹尼爾・賽門所進行的「看不見的大猩猩」測驗。

在這項實驗中，受試者要觀看一支短片，影片中有2隊人馬（一隊穿白色T恤，另一隊穿黑色T恤）正在分別進行傳球。受試者的任務就是要數數看，其中一隊在影片中傳了幾次球。然而，在這2隊人馬互相傳球的同時，會有一個身穿猩猩裝的人走到畫面正中央，用力捶打自己的胸膛，接著走出畫面之外。

影片播放完畢之後，實驗者會詢問受試者是否有看到什麼不尋常的事物。而在大多數的情況下，會有5成的受試者完全沒有看到影片中的大猩猩。這個實驗告訴我們，出現在視野中的事物不見得會被知覺到，而在這之中注意力則扮演了非常重要的角色。

❖問題解決

認知心理學中，所謂的「問題」是指一道難題或是一個難以應付的狀況，且此題目或狀況通常會讓人感到懷疑或不確定。在我們解決問題時，會經歷的心智歷程包括發現、分析及解決，且通常最終目標都是要跨越某道障礙，並以最佳解來化解眼前的問題。

◉問題解決循環

有些學者認為，解決問題的最佳方式就是依照一系列的特定步驟，而這些步驟稱為「問題解決循環」。以下用條列式呈現這些步驟，但要記得人通常不會完全照著這個順序走，而會跳過某些步驟或是不斷回到先前的步驟，一直到問題順利解決為止。

①**找出問題**：首先必須找出問題所在。這聽起來很簡單，但其實非常重要。如果我們錯認問題的來源，後續無論用任何方法來嘗試解決問題，都可能毫無用處或是效率低落。

②**定義問題、找出限制**：一旦找到問題所在，我們就應該好好定義自己面對的是怎樣的問題，這樣才能繼續尋找解方。換句話說，在我們意識到問題所在之後，問題的輪廓也會變得更加清晰。

③**形成找出解方的策略**：形成策略的方法會隨著情境和個體偏好而有所不同。

④**整理問題相關資訊**：這階段必須整理好手上所有資訊，做好找出適合解方的萬全準備。

⑤**分配並運用所需資源或心力**：這階段需要視問題的重要性來分配時間和金錢等資源。如果問題沒有那麼重要，使用過多資源恐怕對找出解方沒有太大幫助。

⑥**監控進度**：如果過了一段時間後發現都沒有任何進度，代表應該重新檢視思考問題的方式，並找尋其他可能的策略。

⑦**評估成果是否符合需求**：為確定採用的是最佳解方，需適當評估達到的成果。評估過程可能十分緩慢，如評估運動菜單的有效程度就需要一段時間；但也可能十分快速，如寫完數學習題馬上就能檢視解答。

◉解決問題的認知策略

我們會遇到的問題通常可以分成2種類型——「定義清楚」及「定義模糊」。定義清楚的問題有非常明確的目標及尋求解方的固定方式，且若有一定的資訊在手，通常很容易就能找出障礙所在；然而，定義模糊的問題則沒有尋求解方的固定方式，需要花時間做研究，才能清楚定義、理解並解決這類型的問題。

由於定義模糊的問題無法套用公式來解決，我們必須透過收集並分析資訊來找到適合的解方。有時候，定義模糊的問題可以被拆解成數個定義清楚的子問題。為了解決這類問題，我們可能需要結合多種問題解決的策略。

過往的研究者已經發現50餘種不同的策略，以下列舉其中最為常見的幾種：

- **腦力激盪**：列出所有可能選項，但先暫且不評估這些選項的優劣，逐一分析後，選出一個最合適的。
- **類推**：從相似問題的解方中汲取可能選項。
- **拆解**：把一個龐雜的問題拆解為較小且較簡單的問題。
- **假設檢定**：根據問題的成因進行推測並提出假設，再收集資訊以檢驗此假設是否成立。
- **反覆試驗**：隨機嘗試不同的解方，直到找出合適的為止。
- **研究調查**：找出針對相似問題的現有解方，並加以調整運用。
- **手段、目的分析**：在問題解決循環的每個階段都採取適當行動，讓自己離目標更進一步。

❖記憶

認知心理學中，記憶指的是資訊的習得、保存、維持及存取中所涉及的歷程。其中最主要的3個歷程即編碼、儲存及檢索。

若要形成新的記憶，資訊要先經過所謂的「編碼」階段，將其轉換成可用形式。編碼結束後，資訊就會被「儲存」在我們的記憶中，以利我們後續使用。事實上，我們所儲存的大多數記憶在用不到的時候，都不會出現在我們的意識中；而當我們需要用到這些記憶時，需要先經過「檢索」的過程，讓儲存的記憶進入我們的意識中。

我們可以透過「記憶的階段模型」來瞭解記憶的基本功能與結構。此模型將人的記憶分成3個不同階段：

①感官記憶：這是記憶歷程中最早的階段。由周遭環境而來的視覺、聽覺等感官資訊被短暫地儲存，且形式上沒有任何更動。通常聽覺資訊可以儲存3到4秒，而視覺資訊則大多無法超過0・5秒。這些暫存的感官記憶裡，只有特定面向的資訊會進入我們的注意力當中，而這些資訊接著就會進入下一階段。

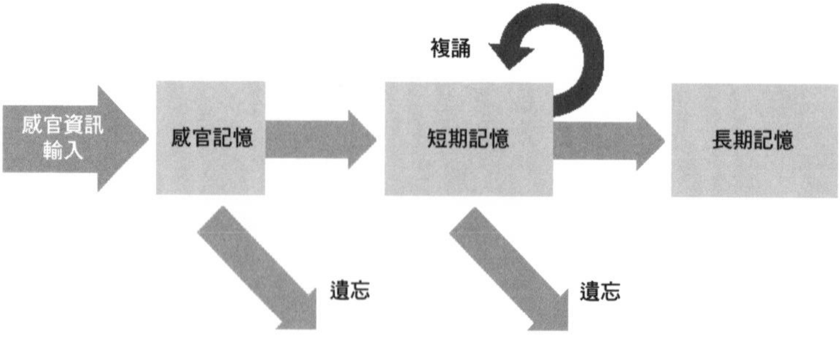

記憶形成的流程

②短期記憶：短期記憶又稱「工作記憶」，是我們此時此刻可以意識到或正在思索的資訊。短期記憶是由我們有分配注意力的感官記憶而來，其中的資訊大約可以停留20到30秒。雖然短期記憶很快就會消失，但如果我們不斷複誦這些資訊，它們就可以順利進入到下一階段。

③長期記憶：長期記憶指的是長期儲存在我們腦海中的資訊。以佛洛伊德的理論來說，可能會歸類為潛意識或前意識的一部分。平時我們意識不到長期記憶中的資訊，但若有需要就能回憶起來。有些資訊很容易就可以回想到，但有些資訊則是難如登天。

Column

短期記憶和長期記憶有何不同

以記憶檢索的觀點來看的話，短期和長期記憶之間的差別就十分明顯了。短期記憶大多由感官記憶所組成，且在記憶的儲存和檢索上都是照順序進行的。舉例來說，如果你在聽到一串文字後被要求回憶字串中的第6個字，你就必須將聽到的字照順序排列才能找到正確資訊。然而，長期記憶的儲存和檢索並非依照順序，而是根據意義和連結來進行。

◉整理記憶的方法

我們可以透過回想來取得長期記憶中的資訊，因此在與他人互動、形成決策或是解決問題時，就能運用這些資訊。然而，目前仍不太瞭解人是如何排列和整理這些資訊的，只知道記憶會透過「分群」的過程而被歸類為不同群組。

分群時，為了讓這些記憶容易被回想起來，我們會把這些記憶做分類。例如以下這組字：

綠色　餐桌　覆盆子　藍色　書桌　香蕉　桃子　洋紅色　衣櫥

你看完這組字後，試著在沒有看著的情況下寫下剛剛看到的字。這時你的記憶很可能會自動將這些字分成3種不同的類別：顏色、水果和傢俱。

◉舌尖現象

你曾有過話到嘴邊卻想不起來的經驗嗎？

研究顯示，花愈多時間思考你想講的話，其實會讓你更難想起來。而這就是編碼或檢索過程失敗的現象。

記憶在我們的生活中扮演了極其重要的角色，我們的經驗和看待世界的方式都受到短期與長期記憶的影響。然而，我們對於記憶僅是稍有瞭解，記憶的本質至今仍然是個謎。

認知失調理論

❖與自己的戰鬥

一九五七年，心理學家利昂・費斯汀格提出「認知失調理論」。費斯汀格認為，人內在的趨力和渴望，會使我們盡量避免讓自己的態度和信念等認知出現失調（或不和諧），並努力追求認知上的協調（或和諧）狀態。

「認知失調」指的是相互衝突的認知同時出現，使我們感到不太舒服的情況。為了降低這種不適感並重新找回認知間的平衡，我們必須稍微對自己的認知動手腳。

費斯汀格是在研究邪教信眾的過程中，開始深入探討這個理論的。當時他所觀察的這群信眾深信地球即將被洪水毀滅，某些信徒甚至為此不惜賣房、辭職等，全心投入迎接即將來臨的大災難。而當這個災難並未如預期而至時，費斯汀格對這些信眾的反應十分好奇，進行了仔細的觀察。

有些信徒因而意識到自己過去的愚昧，離開了邪教組織。然而，有些較虔誠

心理學用語

認知：以情緒、行為、想法、信念、態度或價值觀等形式出現的知識。舉例來說，你剛接到一顆棒球的行為屬於一種認知；你因為聽到某首歌而感受到快樂的情緒是認知；你喜歡的顏色是綠色的概念也是認知。一個人的腦海中可以同時存在各式各樣的認知，而這些認知之間可能是相互協調或失調的。

的信徒卻用截然不同的方式來詮釋現狀，以符合自己心目中的故事。他們聲稱地球之所以沒有毀滅，是因為被信眾的虔誠信仰所拯救的緣故。

由此可看出，當這些虔誠信徒的認知產生失調時，會試圖用轉念來讓認知回歸協調的狀態。

❖實驗〈認知失調無聊實驗〉

當我們被迫當眾做出私底下不希望做的事情時，就會產生認知失調，這種情形稱為「強迫順從」。在這樣的情境下，我們做出不符合自己信念的行為，腦中「不想這麼做」的認知就會和我們實際的行為之間產生失調。

因為我們無法改變自己過去所做的行為，因此要降低失調的唯一方法就是重新評估並改變對該行為的態度。為了證明這個概念，利昂・費斯汀格和詹姆斯・卡爾史密斯進行了以下實驗。

◉實驗步驟

①將受試者分為A和B兩組。A組的受試者事先不會聽到有關實驗的任何介紹；B組則會先聽一段實驗介紹，介紹中會把實驗內容形容得十分有趣。

②首先，要求受試者執行一系列非常無聊且不斷重複的任務。前半小時，要求他們用單手把12個線軸移到一個托盤上，再將之拿下來。接著半小時，要求他們同樣用單手將釘板上的小釘子以一次¼圈的幅度順

時針轉動，當48個小釘子都被轉過一次後就算完成一個循環，而這時受試者就要重新開始另一個循環。

③受試者完成以上任務後，研究人員就會詢問他們有多樂在其中。

④這時，讓⅓的受試者先行離開，而這些先走的受試者將作為控制組。不過在放行之前，要先詢問他們覺得這項實驗之後可以如何改善。

⑤接著，留下來的受試者將會成為下一輪實驗者，負責用有趣的方式告訴下一輪受試者他們即將進行的任務。為了獎勵這些擔任實驗者的受試者，他們會得到一些報酬。然而，其中半數的人只會拿到1美金，另一半的人則會拿到20美金。

⑥在所有實驗結束後，研究人員會再次訪問這些受試者，請他們針對這項實驗回答以下4個問題：

問題1：從-5到+5，你覺得實驗任務的有趣程度為何？

問題2：從0到10，實驗任務讓你對自己能力更加認識的程度為何？

問題3：從0到10，你覺得這項實驗所測量事物的重要程度為何？

問題4：從-5到+5，你未來參與類似實驗的意願有多高？

◉實驗結果

在費斯汀格和卡爾史密斯所進行的這項實驗中，總共收集到71名受試者的回覆，然而其中有11個回應因為某些原因而被視為無效回答。

剩餘的60個回覆整理如下：

費斯汀格和卡爾史密斯認為，第1個問題的回答是最重要的，且展現出認知失調現象的正是這一組回覆。

控制組的受試者並未得到任何報酬，因此可以把他們的回覆視為受試者對實驗任務的真實態度（平均值為負0・45）；而得到1美元與得到20美元獎金的這兩組之間的懸殊差距，則可以用認知失調理論來說明。

這兩組的受試者都產生認知衝突——他們都認為這項實驗非常無聊，卻被迫跟下一組受試者說這項實驗非常有趣。只得到1美元的受試者無法為自己的行為找到合適解釋，所以只好透過內化自己的外顯態度來合理化自己的行為。也就是說，他們因為別無選擇，只好說服自己實驗任務其實滿有趣的。

費斯汀格和卡爾史密斯認為，得到20美元組沒有產生這樣的現象，是因為他們有「金錢」作為合理解釋。換言之，得到1美元組因為沒有得到合適的解釋方法，而產生了認知失調現象。

問題	控制組（共20人）	獎金1美元（共20人）	獎金20美元（共20人）
有趣程度（-5～+5）	-0.45	+1.35	-0.05
能力認識（0～10）	3.08	2.80	3.15
實驗重要性（0～10）	5.60	6.45	5.18
參與類似實驗意願（-5～+5）	-0.62	+1.20	-0.25

驅力降減論

❖努力達成自我平衡

一九四〇至一九五〇年代，行為主義學者克拉克・赫爾開始嘗試用他的驅力降減論來解釋人類行為。赫爾認為，我們每個人都有生理上的需求，這些生理需求會驅動我們的行為，並讓我們產生不舒服的感受。赫爾將這些需求稱為「驅力」。他相信，這些生理上的驅力其實是我們內在緊繃或激動的狀態，而我們之所以會有各種動機，就是因為想要減少這些驅力。此外，若要維持內在平靜，減少驅力的行為是不可或缺的。在他的理論中，常見的驅力包含口渴、飢餓，或是渴望溫暖的感受。要減少這些驅力，我們就必須攝取水分、吃東西、多穿幾件衣服或把暖氣溫度調高一些。

赫爾融合了帕夫洛夫、達爾文和華生等人的理論，提出驅力降減論的根基是所謂的「恆定性」，並認為行為是維持平衡的其中一種方式。他認為所有行為都可以用制約和增強來解釋。若一個行為可以減少驅力，則該行為就會被增強，並在未來有需要時增加發生機率。因此，赫爾被後人視為「新行為主義」的一員。

心理學用語

恆定性：指我們的身體需要達成並維持在一定平衡的概念。舉例來說，身體需要維持體溫的恆定。

◉行為的數學演繹理論

為了用實徵角度來印證驅力降減概念，以較為技術性的方式探討驅力對我們的想法和行為有何影響，赫爾嘗試建立了一項學習和行為的數學公式，後來被稱為「行為的數學演繹理論」。公式如下：

◉針對驅力降減論的批評

雖然赫爾深深影響了心理學的科學研究方法和實驗技巧，但現在已經很少人會去討論他的驅力降減論了。原因是他所推導的公式，其中變數的定義都太過狹隘，難以由重複發生的事件做出預測。

驅力降減論最大的弊病之一，是沒有把「次級增強物」納入考慮，也沒有說明它們是如何減少驅力的。如前面所述，水和食物等「主要增強物」可以減少生理上的驅力，但次級增強物卻無法直接滿足任何生理需求。舉例來說，錢就是一種次級增強物。錢無法直接減少驅力，但仍然可以強化行為——因為錢可以換來主要增強物，並藉此間接減少驅力。

$$sEr = V \times D \times K \times J \times sHr - sIr - Ir - sOr - sLr$$

sEr：激發行為的可能性，指對刺激物（s）產生反應（r）的機率。

V：刺激物。

D：驅力的強度，由生理需求受到剝奪的程度決定。

K：目標規模，又稱「激勵動機」。

J：增強發生前的延遲時間。

sHr：習慣強度，由過去的制約量決定。

sIr：制約抑制，因過去缺乏增強而導致。

Ir：反應抑制，又稱倦怠或疲勞。

sOr：隨機產生的錯誤。

sLr：反應閾值，指能夠促成學習的最小增強量。

驅力降減論常被詬病的另一個原因，則是無法解釋為什麼我們會從事一些無法減少驅力的活動。為什麼有時我們不渴的時候也會喝水？為什麼我們不餓的時候會吃東西？除此之外，有些人甚至會主動從事讓自己更緊繃、更激動的活動，如：高空彈跳及跳傘等等。這些活動完全無法滿足任何生理需求，甚至可能置人於險境。

總而言之，儘管驅力降減論有其瑕疵，但赫爾的想法仍然促使許多心理學家投入更多的心力，瞭解我們行為反應背後的真正原因。

哈利・哈洛（一九〇五～一九八一年）

恆河猴實驗

❖不只是耍猴戲

一九〇五年十月三十一日，哈利・費德列克・以色列出生於美國愛荷華州的費爾菲爾德。他原本在俄勒岡州就讀里德學院，後來轉學至史丹佛大學並打算主修英語。一九三〇年改姓哈洛後，他順利從史丹佛大學畢業，並拿到心理學的學士及博士學位。

畢業後，哈洛開始在威斯康辛大學麥迪遜分校任教，於一年內就創立了「靈長類心理實驗室」。一九六四年，這個實驗室與「威斯康辛區域靈長類實驗室」合併，哈洛成為這個新研究中心的主任，並在這裡進行了他最知名也最具爭議性的幾項實驗。

哈洛的主要研究重心是「愛」，並試圖挑戰當時十分受歡迎的依附理論。這項理論認為，愛是由母親哺乳的過程所產生，進而延伸到其他家庭成員身上。

一九五七年，為了探討愛究竟有多大的影響力，哈洛著手進行他廣為人知卻也廣受批判的恆河猴實驗。這項研究不僅震撼心理學界，也大大改變了孤兒院、社福團體、收養機構等幼兒教保設施照顧孩子的方式。

雖然哈洛對愛頗有研究，但他本人的感情可說是相當複雜。他的第一任妻子是當時的學生，他們於一九三二年結婚後生了2個小孩，並於一九四六年離婚。同年，哈洛與一名兒童心理學家再婚，又生了2個小孩。一九七〇年，哈洛的第二任妻子與癌症奮鬥多時後不幸去世，哈洛隔年又與自己的第一任妻子再婚。然而，第二任妻子過世後，哈洛便深受憂鬱症與酒精成癮所苦，與孩子日漸疏離。最後，哈洛於一九八一年十二月六日與世長辭。

哈利・哈洛的榮譽事蹟

哈洛一生中獲得不少榮譽與獎項，以下列舉其中幾項：

・擔任美國陸軍人力資源研究分部主任（一九五〇～一九五二年）

・擔任國家研究委員會人類學和心理學部門主任（一九五二～一九五五年）
・獲得霍華德・克羅斯比・沃倫獎章（一九五六年）
・擔任美國心理學會主席（一九五八～一九五九年）
・獲得美國國家科學獎章（一九六七年）
・獲得美國心理學基金會金牌獎（一九七三年）

❖實驗〈恆河猴實驗〉

當時有人認為，母子之間之所以會形成連結，僅僅是因為母親能幫助小孩止饑止渴，並讓孩子免於受苦。然而，哈洛並不同意這樣的說法，因此決定用實驗來描述並分類不同的愛，而他的實驗對象就是恆河猴的幼猴。恆河猴的幼猴比起人類寶寶來得更加成熟，且一樣可以表現出各種情緒，也同樣需要他人的悉心照顧。而這就是哈洛最知名的恆河猴實驗。

哈洛為幼猴打造了2個「母親」，並讓牠自行決定要與何者互動。在幼猴呱呱墜地的幾個小時後，哈洛就會讓幼猴離開親生母親身旁，並將牠們與兩個人造「母親」安置在一起。其中一個母親是由柔軟的毛巾布製成，但身上沒有任何食物可以提供給幼猴；另一個母親則是由硬邦邦的金屬線構成，但身上掛有一瓶食物。

哈洛在觀察恆河幼猴的過程中發現，這些幼猴只有在需要取得食物時才會待在金屬線媽媽身旁，其他時候則會跑去找毛巾布媽媽，享受與其抱抱的時光。這樣的研究結果證明了兩件事，第一是幼猴不僅僅是跟隨自己的生理需求而行動，第二則是母子之間的連結並非單純由母親照顧孩子就可以建立。

接著，哈洛把幼猴拆成2組，一組待在金屬線媽媽身邊，另一組只能與毛巾布媽媽相處。兩組幼猴的喝水量及成長速度皆相同，卻展現出截然不同的行為模式。對此哈洛的解釋是，跟毛巾布媽媽相處的幼猴會發展出情感上的依附關係，而與金屬線媽媽共處的幼猴則不會。

當毛巾布媽媽組的幼猴被物品或聲音嚇到時，牠們會跑到媽媽的懷裡尋求安全感，直到情緒平靜下來才離開；然而，當金屬線媽媽組的幼猴被嚇到時，則會跌坐在地板上尖叫，並環抱住自己的身體前後搖晃。哈洛認為這樣的反應跟自閉症孩童的行為十分相似，也有點類似精神醫療機構中被關著的病人。

接下來，哈洛進行了更加不人道的實驗。為了看看「晚做總比不做好」這句話到底是不是真的，哈洛讓剛出生的恆河幼猴待在完全與世隔絕的環境整整8個月，期間牠們既不能與其他幼猴互動，也不能接觸先前的兩個人造母親，因而造成嚴重的情緒創傷。反覆嘗試不同時間長度所帶來的影響後，哈洛得出以下結論：如果幼猴沒有母親在旁的期間不超過90天（人類寶寶則是不超過6個月），則沒有母親在旁所造成的創傷其實是可以逆轉的。

◉哈洛研究的後續影響

雖然哈洛的實驗爭議不斷，且從今天的標準來看可說十分不人道，但我們仍然不能否定其重要性，以及對於孤兒院、社福團體、收養機構等在兒童照護方面帶來的深遠影響。

透過這些實驗，哈洛證明了愛在孩童的發展歷程中是不可或缺的，而且若遭剝奪就會導致嚴重的情緒創傷。此外，他的實驗有助於發展受虐或受忽略兒童的治療方法，也顯示若考量兒童的精神和情緒健康，領養是遠比機構安置來得合適的處理方式。

尚・皮亞傑

（一八九六～一九八〇年）

認知發展階段論

❖孩童的發展歷程

一八九六年八月九日，尚・皮亞傑出生於瑞士的納沙泰爾。他的父親是一名教中世紀文學的教授，母親則據說有些神經質傾向。而正是母親這些神經質的行為，讓他後來對心理學產生濃厚興趣。

高中畢業後，皮亞傑在納沙泰爾大學取得自然科學博士學位。接著，他於蘇黎世大學待了一個學期，並在這時深受精神分析學派的吸引，隨後搬至法國居住。其後，他任職於阿爾弗雷德・比奈創立的男校，並對孩子答錯邏輯問題時所給出的原因產生興趣，開始用實驗方法研究孩童的心理發展，成為首位以系統化方式研究孩童認知發展的心理學家。

一九二三年，皮亞傑娶瓦倫丁・沙特奈為妻，並與她生了3個小孩。當時的皮亞傑正沉浸於研究孩童的心理及情緒發展，於是開始以非正式的形式研究自己的小孩，而過程中所得到的觀察資料，則在往後促成了他最重要且最知名的理論——認知發展階段論。而在其發表認知發展理論之前，大多數人都認為成人單純只是比孩童更擅長思考而已。

皮亞傑一生中出版了60餘本著作及好幾百篇文章，其影響範圍不僅止於心理學，更是擴展到教育學、社會學、經濟學、法律學及知識論等領域。他在一九八〇年九月十六日與世長辭。

❖皮亞傑的認知發展理論

皮亞傑在建立認知發展理論時，有幾點和過去其他學者提出的理論十分不同：

- 僅關注孩童的發展歷程。
- 不僅止於討論單一行為或知識的發展歷程，而是討論孩童整體的發展。
- 過去常見的觀念是認知發展為一連續漸進的歷程，且行為會在過程中變得愈來愈複雜；然而，皮亞傑則認為認知發展是由一系列的階段所組成，且階段之間有性質上的不同。

皮亞傑認為事實並非小孩的能力不如大人這麼簡單，他相信演化和基因使小孩有些與生俱來的基本心理結構，而這正是知識和學習的源頭。他試著用這個說法解釋小孩是如何發展出邏輯及科學思考所需的心理機制與歷程，並認為小孩會用自己的方式理解周遭世界，且時常會遭逢與自己過去的理解不相符的新事物。

我們可以將皮亞傑的認知發展理論分成以下3個要素：

①基模

基模即知識的基本單位。每個基模都對應到世界的一小部分，如一個動作、一個物體和一個概念等，且都由一連串的表徵所組成，而這些世界的表徵可以幫助我們理解及回應特定狀況。舉例來說，如果父母給孩子看一張狗的圖片，孩子就會產生一個「狗的外觀」的基模——狗有4隻腳、1條尾巴及2隻耳朵。孩子若能用現有基模來解釋所看到的事物，這個狀態就稱為「平衡」或「心理平衡」。

之所以要形成基模，就是為了要應用在未來的狀況中。舉例來說，一旦孩子產生「如何在餐廳點餐」的基模，下次到餐廳吃飯時，孩子就可以把現有基模應用到這個相似狀況中。

皮亞傑認為，有些基模是生來就存在於孩子的基因中，例如：小孩吸吮東西的衝動等。

②促進階段間轉換的歷程

皮亞傑認為，促成孩童智力增長的是他們對於知識的適應，以及保持在平衡狀態的需求。知識適應的方式分成2種：

- **同化**：把現有的基模套用到新的狀況中。
- **調適**：改變現有的基模以納入新的資訊。

回到先前父母給小孩看狗狗圖片的例子，小孩已經有「狗的外觀」基模，知道狗有4隻腳、1條尾巴及2隻耳朵。然而，若這個時候有一隻活生生的狗走來，小孩將會看到一些不存在於基模中的特質——狗有毛茸茸的身體、會舔東西，還會汪汪叫。這些特性並不存在於原本的基模中，因此小孩就會產生「不平衡」的狀態，開始在腦中建構「狗」這個概念的全新意義。當父母告訴小孩這是一隻狗時，就證實了這些新資訊也是「狗」的一部分。這時同化就會發生——小孩將這些新資訊融入原先的基模中，並重新回歸到平衡的狀態。

那麼，如果小孩看到的不是狗，而是一隻活生生的貓呢？雖然貓跟狗有一些共通特質，但仍是截然不同的物種。貓會喵喵叫、能夠爬上各式各樣的東西，而且動作和行為模式都和狗不太一樣。在看到「貓」這個新物種之後，小孩也會產生不平衡的狀態，此時就必須「調適」原先的基模，以納入這些全新資訊。因此，新的「貓」基模應運而生，使小孩恢復到原先的平衡狀態。

③發展階段

皮亞傑認為，每個小孩的認知發展都可以分成4個階段，且階段順序不會隨著小孩的居住地及文化背景而改變。然而，有些小孩可能永遠無法進展到順序較後面的階段。

- **感覺動作期（0～2歲）**：這個階段的重點是「物體恆存」概念的發展。孩子會開始意識到，就算自己看不到或聽不到，物體仍存在於空間中。
- **前運思期（2～7歲）**：這個階段的重點是「自我中心」的思考方式。這時孩子還無法以他人的觀點來看待事情。

- **具體運思期（7～11歲）**：這個階段的重點是「守恆」的概念。這時孩子還無法理解抽象及假設的概念，但已經可以針對具體事物進行邏輯思考了。
- **形式運思期（11歲以上）**：這個階段的重點是單純在腦海中思索概念的能力，也就是所謂的「抽象思考」。這時孩子會逐漸發展出演繹推理、邏輯思考及系統性規劃的能力。

◉針對皮亞傑理論的批評

在批評皮亞傑理論的聲音中，大多數都認為皮亞傑所使用的研究方法有一些問題。除了他研究自己小孩這點之外，他大部分的研究對象都是社會經濟地位較高家庭中的孩童。也就是說，皮亞傑所採用的樣本範圍不夠廣，因此很難將研究結果類推到不同情境中。此外，皮亞傑認為孩子會自動從一個階段過渡到下一階段，然而有些實驗結果卻與他的說法相抵觸。除此之外，許多心理學家認為，孩子身處的環境也在發展階段中扮演十分關鍵的角色。

最後，有些學者認為皮亞傑的理論低估了孩子的認知能力——也就是說，4到5歲的孩子並沒有像他認為的那麼自我中心，反而是對於自身的認知歷程有更深入的理解。

無論如何，皮亞傑的學說的確讓心理學界開始注意到孩童的認知發展，並促成往後許多理論——即使這些理論不一定完全同意他的說法。

阿爾伯特・班杜拉

（一九二五～二〇二一年）

社會學習理論

❖由觀察他人來學習

一九二五年十二月四日，阿爾伯特・班杜拉出生於加拿大一座名為曼爾達的小鎮。他父親的工作是協助鋪設加拿大橫貫鐵路，母親則在鎮上的一間雜貨店工作。

班杜拉當時就讀於鎮上唯一一所學校，且學校只有2名老師。因此，班杜拉必須自己主動爭取各種學習機會。高中畢業後，班杜拉進入英屬哥倫比亞大學。他一開始主修生物學，卻在一次偶然的機會中接觸了心理學這門學科。當時他在大學正式開學前就提前抵達學校，因此決定先修一些選修課程來打發時間，翻閱完學校的課程目錄後，他決定選修心理學相關課程。

一九四九年，班杜拉只花了3年的時間，就成功自英屬哥倫比亞大學以心理學主修的身分畢業。接著，他前往愛荷華大學攻讀碩士與博士學位。一九五二年拿到博士學位後，班杜拉獲得史丹佛大學的教職，並任教至二〇一〇年退休為止，於二〇二一年七月二十六日逝世。

班杜拉最為人所知的就是他的社會學習理論。他透過理論證明，並非所有行為都如行為主義心理學家所說的僅由獎賞和增強主導。此外，他還對社會壓力如何影響行為學習提出了更加細緻入微的觀點，直到今日仍然為心理學界所重視。

❖社會學習理論

阿爾伯特・班杜拉在一九七七年發表的社會學習理論，可說是心理學領域中最重要的理論之一，其中心思想即「學習不僅限於獎賞和增強過程，也可以透過觀察來進行」。

班杜拉認為，人們會藉由觀察身邊他人的行為來形成自己的行為模式。我們周遭總是充滿各種「榜樣」供我們觀察並學習，如：父母、同儕、老師，甚至是影集中的角色等。這些榜樣可能會做出許多較陽剛或陰柔的行為，我們可以觀察並透過編碼將這些行為收錄進長期記憶中，供日後仿效。人大多傾向於模仿與自己較為相似、尤其是相同性別的榜樣。

在社會學習理論中，有3個重要概念：

①可透過觀察來習得行為

我們可以透過親眼實見的榜樣（親眼看到某人做出某行為）、言語上提供指示的榜樣（對某行為的解釋或敘述），或象徵性的榜樣（書籍、電影和電視節目中出現的某行為）來進行觀察和學習。

②學習時的心理狀態很重要

雖然環境的增強物對學習來說十分重要，卻不是唯一的影響因素。班杜拉把滿足、得意和成就等感受稱為所謂的「內在增強物」。也就是說，在習得行為時，我們內在的想法也非常重要。

③學習不一定會改變行為

行為主義學者認為，一旦我們習得新行為，自身的行為模式就會從此改變。然而，班杜拉證明在進行觀察學習時，我們可以單純習得新行為，但不一定要展現出來。反過來說，觀察到一個行為並不代表會習得該行為，而是必須滿足某些條件，社會學習才會有成效。條件如下：

- **注意**：要學得好就一定要專注。任何使注意力下降的事物，都會對觀察學習有負面影響。
- **保持**：必須能夠將資訊儲存在腦中，在未來要用的時候將資訊提取出來。
- **再生**：專注於某行為並順利將其儲存在腦中後，下一步就是要將該行為表現出來。此外，反覆練習可以讓行為愈來愈進步。
- **動機**：要成功學會觀察到的行為，還有最後一步，就是對模仿該行為要有足夠的動機。此時，增強與懲罰的概念就派上用場了。如果觀察到的行為得到增強，我們就會想要複製該行為；反之，如果觀察到的行為遭到懲罰，我們就不會想要做出同樣的行為。

❖實驗〈波波玩偶實驗〉

為了證明小孩會觀察並模仿自己周遭的行為，班杜拉設計了知名的「波波玩偶實驗」。

◉實驗步驟

①受試者為36名小男孩及36名小女孩，年紀皆為3到6歲。
②控制組分別為其中12名小男孩及12名小女孩。
③有2名「榜樣」，分別為1名成人男性，及1名成人女性。
④實驗中，24名小男孩及小女孩會觀察身為榜樣的男性或女性對名為「波波」的玩偶做出攻擊行為。過程中，這兩名「榜樣」會用錘子敲擊波波並將之拋到空中，並一邊發出「蹦！碰！」等狀聲詞，或是大喊「正中鼻子！」等等。
⑤其他24名小孩則會觀察沒有對波波做出攻擊行為的榜樣。
⑥實驗中，控制組的小孩不需要觀察任何榜樣的行為。

◉實驗結果

實驗過程中班杜拉發現，如果小孩看到作為「榜樣」的大人對玩偶做出攻擊行為，則比起控制組及看到沒有做出攻擊行為榜樣的孩子，這些小孩會更容易模仿而展現出攻擊行為。此外，在做出攻擊行為榜樣組中，若小女孩看到的榜樣是女性，則較容易展現出言語上的攻擊；若看到的是男性，則更容易展現出肢體上的攻擊行為。相較於小女孩，小男孩通常較容易模仿肢體上的攻擊行為，也較容易模仿與自己同性別的榜樣。

藉由這項實驗，班杜拉成功證明了小孩會透過觀察他人來學習攻擊等社會行為，並成功推翻了行為主義學者奉為圭臬的核心概念——所有行為都是由直接的獎賞和增強而來。

卡爾・羅傑斯（一九〇二～一九八七年）

自我理論

❖助人自助

一九〇二年一月八日，卡爾・羅傑斯出生於美國伊利諾州奧克帕克一個嚴謹的新教家庭中。在羅傑斯青少年時期，他們一家人搬到了伊利諾州的格倫艾倫。羅傑斯開始對農業產生濃厚的興趣，並於一九一九年進入威斯康辛大學主修農業。然而，後來的他轉到歷史系之後，又改而主修宗教。

大三時，羅傑斯跟其他10位同學獲選前往中國，參加為期6個月的基督青年國際會議。在這段旅程中，他逐漸開始質疑自己的職涯選擇。一九二四年大學畢業後，羅傑斯進入紐約協和神學院就讀，並在一九二六年轉學至哥倫比亞大學的教育學院。在那裡，他第一次接觸到心理學的課程。

羅傑斯取得心理學博士學位後，先後任職於俄亥俄州州立大學、芝加哥大學及威斯康辛大學。在威斯康辛大學工作的期間，羅傑斯發展出他對心理學界最偉大的貢獻之一——「個人中心治療法」。他相信每個人都有能力掌控自己的快樂，認為治療師不應該只是給予技術上的輔助，而應該成為能夠引導病患找到快樂的角色。並且在治療過程中，治療師應該始終如一地展現同理心、積極地關懷病患。此外，羅傑斯也發展出一套「自我理論」，用來描述病患看待自己的方式，以及治療師應該如何改變這樣的看法。

羅傑斯的理論後來被認為是一種「人本主義」的心理學。他較少關注應該如何診斷病患，而是更在意如何讓病患能夠幫助自己，並逐漸成為他所謂的「機能完善者」。

最後，卡爾・羅傑斯逝世於一九八七年二月四日。

❖自我理論

卡爾・羅傑斯不認同行為主義的概念（認為行為是制約的結果），也不同意精神分析學派的想法（重視潛意識和生理因素）。他認為我們會依據對於周遭情況的感知做出行動，並且只有我們自己才會知道究竟感知到什麼。

此外，羅傑斯相信，人都會有想要「自我實現」的基本動機。

我們可以用花的比喻來理解最基本的自我實現概念。花的成長會受制於周遭環境，因此唯有在一切環境因素都恰如其分之時，才能完全展現潛能。

當然，我們人類比起花來得複雜許多——人會依據各自的人格特質而有不同的發展過程。卡爾・羅傑斯認為，人的本質是良善且有創造力的。因此，只有在價值判斷受到外在限制或錯誤自我概念干擾時，才會做出一些具有破壞性的行為。

卡爾・羅傑斯表示，一個具有高度自尊且快要達成理想我的人，將能夠直面生活中的各種挑戰，並坦然接受自己的失敗和不快樂。此外，這種人對自我的看法總是十分

心理學用語

自我實現：當我們充分展現自己的潛能，成為「機能完善者」，並達成身為人類的最高境界的時候。

理想我：意即我們的目標或野心。簡單來說，就是我們想成為的樣子。理想我的面貌會隨著時間不斷改變。

自信且正向，並對他人保持開放態度。要達成這樣的境界，羅傑斯認為必須處於一個「一致」的狀態。

◉一致性

如果一個人的理想我和實際經驗相符合，則其就正處於「一致」的狀態；反之，如果一個人的理想我和實際經驗有一些差距，就是處於「不一致」的狀態。

很少人能夠達到完全一致的狀態，但羅傑斯指出，當我們的自我形象（即看待自己的方式）接近自己所追求的理想我時，我們將會有更高的自尊，且一致性也會更高。此外，人總希望對自己的看法與自我形象相符，因此可能會用壓抑或否認等防禦機制，減少似乎不太受歡迎的情緒所帶來的威脅感。

除了以上概念之外，羅傑斯也特別強調，他人的存在對於我們來說十分重要。我們總是會希望自己在他人心中有正面的形象，因為我們生來就有被他人尊重、重視、珍視及愛戴的渴望。他將這種「正向關懷」的概念，分成2種類型：

自我形象與理想我不同、只有部分重疊時，很難達成自我實現。

自我形象與理想我相似、有較多重疊時，比較容易達成自我實現。

一致性的概念

①無條件的正向關懷

當我們得到父母、重要他人，以及治療師等人無條件的愛與尊重時，就會更有勇氣去嘗試新事物，並在可能帶來不良後果的情況下勇於犯錯。羅傑斯認為，我們能達到自我實現，是因為通常得到的是這種無條件的正向關懷。

②有條件的正向關懷

意即只有在做出他人認為正確的行為時，才會得到愛與尊重，而不是無條件地被他人接納。舉例來說，如果小孩只有在做出父母期望的行為後才會得到讚美，這個孩子得到的就是一種有條件的正向關懷。通常，如果某人總是設法獲取他人的讚美，就代表其在成長過程中得到的是這種類型的正向關懷。

亞伯拉罕・馬斯洛（一九〇八～一九七〇年）

需求層次理論

❖關注人的潛能

一九〇八年四月一日，亞伯拉罕・馬斯洛出生於紐約布魯克林區的俄羅斯猶太移民家庭中。身為7個兄弟姊妹中年紀最小的孩子，馬斯洛說自己小時候十分害羞，大部分時間都待在圖書館裡埋首苦讀。

起先，馬斯洛在紐約市立學院唸法律，但很快就轉學到威斯康辛大學，並開始研讀心理學。那時，馬斯洛的導師是因恆河猴實驗而聲名大噪的哈利・哈洛。後來馬斯洛唸博士班時，其指導教授也是哈利・哈洛。就這樣，馬斯洛在威斯康辛大學接連於一九三〇年、一九三一年及一九三四年取得心理學學士、碩士及博士學位，接著前往哥倫比亞大學繼續做研究。在哥倫比亞大學時，阿爾弗雷德・阿德勒——也就是提出「自卑情節」的心理學家——成了他的導師。

一九三七年，馬斯洛取得布魯克林大學的教職（直到一九五一年他都在此任教）。這段期間，馬斯洛遇見了另外兩位完形心理學派導師——馬克斯・韋特海默及露絲・班乃迪克。馬斯洛在學術上和私底下都十分敬重他們，於是開始研究兩人的行為模式。研究過程中，讓馬斯洛對人類潛能和心理健康議題產生了一輩子的興趣，也為他對心理學界最重要的貢獻鋪好了路。

到了一九五〇年代，馬斯洛已經成為人本主義的創始人及重要領導人物之一。他所關注的並非人的疾病或異常之處，而是較正向的心理健康議題。在建立人本主義心理學後，許多新的治療方法應運而生。這些方法的核心概念是，人有透過心理治療達成自我療癒的能力，因此治療師所擔任的應該是引導者的角色，幫助病患移除眼前的障礙，藉此完全引出他們的潛能。而說到馬斯洛最知名的理論，非「需求層次論」莫屬了。需求層次理論說明了人有依序滿足自己從基礎到進階需求的動機，可說是當代心理學思想和教育體系的基礎。

此後的一九五一年到一九六九年這段期間，馬斯洛任教於布蘭迪斯大學，並在一九六九年搬到加州，以訪問學者的身分於勞克林研究所從事研究工作。一九七〇年六月八日，亞伯拉罕・馬斯洛因心臟病發而過世，享年62歲。

❖需求層次理論

馬斯洛於一九四三年首次提出需求層次理論，現今我們大多用金字塔圖像來表達這個理論的內涵。根據馬斯洛的說法，需求會驅使我們做出特定行為。較基礎的需求位於金字塔底層，而較複雜的需求則位於金字塔高層。金字塔底層的需求通常跟生理需求比較有關，而較高層的需求則和心理及社會面向較相關。如果想完成較高層的需求，就必須從底層的需求開始滿足。

以下簡單介紹馬斯洛理論中的需求：

生理需求

生理需求是我們得以生存的基礎及關鍵。也就是說，我們的首要任務就是滿足生理需求；相比之下，其他較高層的需求僅是次要任務而已。這類需求包含對於食物、水、睡眠、繁衍後代及體內平衡等等的需求。

安全需求

重要性不及生理需求，但對我們的生存來說也十分關鍵。這些需求包含對人身安全的需求（例如：有個可以安身的家及安全的居住環境）、經濟及健康上的需求，以及防止我們發生意外的需求（例如：保險等等）。

愛與歸屬需求

愛與歸屬需求又稱為「社會需求」，涵蓋了我們對於被愛、被接受的需求，以及對於歸屬感的渴望、避免孤單一人的需求等等。和前兩層需求相比，愛與歸屬需求稍微複雜一些，而滿足這些需求的方式很多，例如：經營愛情、友情和家庭關係，或是參加宗教組織、社交團體或社區集會等。

尊重需求

我們每個人都希望能受到他人的尊重及重視，同時希望自己對世界是有貢獻的。如果我們有較高的自尊，並且尊重他人，就會變得比較有自信；然而，如果我們的自尊較低，且不尊重他人，則可能產生自卑感。得到他人重視並建立自尊心的方法有很多，例如：參與專業活動、加入體育隊伍、培養興趣以及爭取學業成就等等。

自我實現需求

位於金字塔頂端的需求，需要充分發揮我們的潛力。要滿足這樣的需要，我們必須十分瞭解自身的潛在能力，並成為可達成的理想中的自己。然而在此之前，我們要先滿足其他所有需求才行。自我實現的概念十分廣泛，但可以轉化成非常具體的目標。舉例來說，我們可以立志成為自己能力所及最厲害的畫家，或是最理想的父親等等。

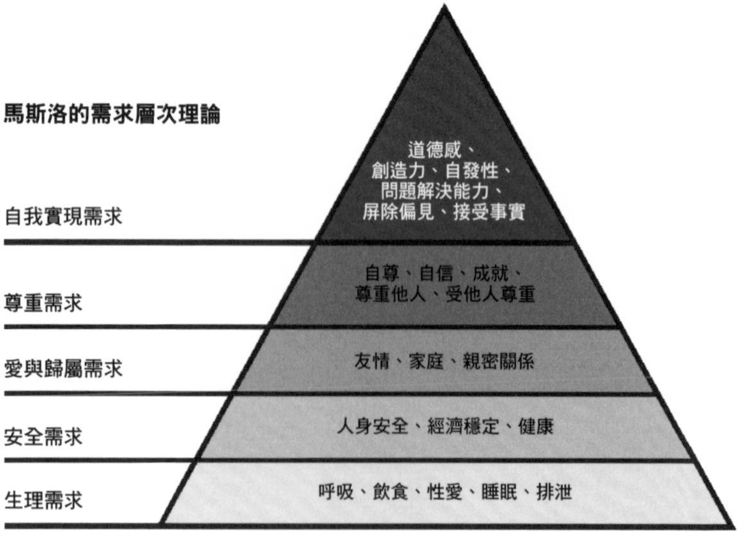

Column

匱乏需求與成長需求

馬斯洛將上述5種層次的需求又分為2類，即「匱乏需求」（簡稱為D需求）與「成長需求」（又稱「存在需求」，簡稱B需求）。

匱乏需求是因為缺乏某些事物而產生的需求，包含：生理需求、安全需求、愛與歸屬需求、尊重需求。這些需求的層次較低，且如果沒有得到滿足，就會導致負面的感受或後果。成長需求則是希望提升自己而產生的需求，並非因感到匱乏而生，如：自我實現需求。

◉針對需求層次理論的批評

馬斯洛的需求層次理論遭受不少批評，其中最常受到質疑的是他定義「自我實現者特質」的方法。他當時使用的是一種叫作「傳記分析」的質化研究方法，首先列出21名在他眼中已達成自我實現的人，並從他們的傳記和著作中歸納出特質清單。也就是說，他所定義的這些特質並沒有經過科學方法驗證，而是完全建立在他對於自我實現的主觀看法上。

另外，馬斯洛認為在自我實現前，必須先滿足較低層次的需求，而這樣的想法也受到了批評。例如，有些人雖然身處匱乏之中，但仍然能夠滿足愛與歸屬需求——然而，馬斯洛的觀點徹底排除了這樣的可能性。

雖然他的理論廣受批評，但亞伯拉罕・馬斯洛對於當代心理學的貢獻仍是無庸置疑的。他不再只專注於人類的異常行為，而是把注意力轉到人性的光明面上，關注人的心理健康以及身而為人的潛力。

智力理論

❖思考一下我們如何思考

到目前為止，智力仍是心理學界爭論不休的主題之一。其原因在於，智力並沒有一個公認的標準定義。有些人認為智力僅是單一項能力，但有些人則認為它是各種才能、技能及能力的總稱。雖然關於智力的定義眾說紛紜，但大部分學者都同意智力和以下幾種能力有關：理性思考、問題解決、理解社會規範、習慣和價值觀、分析情況、從經驗中學習，以及應對生活的種種需求等。

心理學家無法斷定能精確地測量一個人的智力，但在討論智力時，通常會關注以下幾個問題：

- 智力是遺傳而來的嗎？
- 環境對智力有影響嗎？
- 智力是單一種能力，還是多種能力的集合？
- 智力測驗會不會受到偏見影響？
- 智力測驗的結果可以用來預測某些狀況嗎？

為了解釋智力這個複雜的概念，心理學家提出各種理論，以下是其中較為知名的幾個：

◉二因論

一九〇四年，英國心理學家查爾斯・斯皮爾曼提出了「一般智力」（又稱為「G因素」）及「特殊智力」（又稱為「S因素」）的概念。斯皮爾曼認為，有一種會影響我們心智能力的一般智力存在，且這種G因素可由單一數值表示、藉由心智能力測驗得出。他發現，在認知測驗中表現良好的人，通常在其他心智能力的測驗中也表現得不錯；反過來說，在認知測驗中表現欠佳的人，在心智能力測驗中也不會有太好的表現。因此，他得出以下結論——智力是一種一般性的認知能力，其高低可透過測量得出，並以數值來表示。至於特殊智力則與個別的特殊能力有關，如：空間感、運動感、音感等，需由特殊的測驗題目測量。

◉群因素論

路易斯・瑟斯頓認為智力是由7項「基本心智能力」所共同決定的，包含一般推理能力、語文理解、數字能力、知覺速度、詞語流暢、空間能力與聯想記憶。

◉多元智力

心理學家哈沃德・加德納提出了多元智力理論，認為單一數值的呈現方式無法精確表達出人類智力的特性。他認為有8種相互獨立的智力，而這些智力包含我們的各種能力和技能。我們可能在某些智力上表現較佳，卻在其他智力上表現較差。這8種不同的智力包含：空間智力（視覺化事物的能力）、語言智力（說出及寫出字彙的能力）、邏輯數學智力（針對問題進行邏輯分析、找出固定模式及運用理性推理的能力）、身體動覺智力（控制身體及運動的能力）、音樂智力（思考節奏、聲音及曲式的能力）、人際關係智力（理解他人並與之互動的能力）、內省智力（洞察自身感受、情緒和動機的能力），以及自然智力（與大自然達成和諧、探索周遭環境及瞭解其他物種的能力）。

◉智力三元論

心理學家羅伯特・史坦伯格提出了智力三元論，主張所謂的「成功智力」包含3個不同元素：分析智力（和問題解決相關的能力）、創造智力（運用現有技能及過去經驗來處理全新情況的能力），以及實用智力（適應變動環境的能力）。

❖智力測驗的演化史

如同百家爭鳴的定義，測驗智力的方法也有千百種。從古至今，這些智力測驗（又稱「量表」）隨著時間而不斷地進化，並逐漸走向標準化。

以下列舉幾種智力測驗量表：

比奈－西蒙量表（一九〇五年）

一九〇五年，法國心理學家阿爾弗雷德・比奈受法國政府委託，設計了一份能衡量小孩智力的測驗。當時法國剛通過讓所有6到14歲孩童受學校教育的法案，因此需要透過測驗來看哪些孩子可能需要特殊協助。於是，比奈與同事西奧多・西蒙一同設計了一系列問題，主要用來檢驗與學校所教授內容無關的能力，如：記憶力、注意力及問題解決能力等等。後來比奈發現，有些孩子可以答出設計給較高年級小孩的問題，而有些孩子則只能答出設計給較低年級的題目。透過這些發現，比奈建立了所謂「心智年齡」的概念——用某年齡層小孩的平均值作為智力指標。比奈和西蒙所設計的這個量表後來被稱為「比奈－西蒙量表」（簡稱比西量表），不但是有史以來第一個智力測驗，更成為我們今日所使用測驗的基礎。

史丹佛－比奈智力量表（一九一六年）

比西量表傳入美國後，經由史丹佛大學心理學教授路易斯・特曼的標準化，針對美國樣本進行測試及修正後，於一九一六年正式發行，稱為「史丹佛－比奈智力量表」（簡稱史比量表）。

在這個測驗中，一個人的最終得分會以單一數值來表示，而這個數值就是我們常聽到的「智商（IQ）」。智商的計算方式為：（心智年齡÷生理年齡）×100。

陸軍甲種及陸軍乙種測驗（一九一七年）

一次世界大戰期間，為了因應軍方大量招募及篩選人才需求，擔任美國心理學會及徵兵心理測驗委員會主席的心理學家羅伯特・耶基斯，設計了2套智力測驗，分別為陸軍甲種及陸軍乙種測驗。當時超過2萬名男性參與測驗，以決定他們在軍中適合擔當的職位。

魏氏智力量表（一九五五年）

一九五五年，美國心理學家大衛・魏克斯勒發展出一種叫作「魏氏成人智力量表（WAIS）」的新型智力測驗。時至今日，此量表已經過多次修改，現稱為魏氏成人智力量表第3版（WAIS－Ⅲ）。

除了給成人用的量表外，魏克斯勒也設計了2套專門給小孩用的測驗，分別為魏氏學齡前兒童智力量表（WPPSI），以及魏氏兒童智力量表（WISC）。

不同於先前提到的史比量表，魏氏成人智力量表並非使用心智年齡和生理年齡的比值來計算分數，而是將受試者的原始分數與同年齡層的其他受試者做比較，並轉換為最終得分。轉換時所使用的同年齡平均分數為100分。現在，這樣的計算方法已經成為智力測驗的標準計分方式。

智商（IQ）數值

史丹佛－比奈智力量表

- 19 或以下：極度智力不足
- 20 ～ 49：嚴重智力不足
- 50 ～ 69：中度智力不足
- 70 ～ 79：輕度智力不足
- 80 ～ 89：平均偏遲鈍
- 90 ～ 109：平均
- 110 ～ 119：優秀
- 120 ～ 139：非常優秀
- 140 及以上：天才或接近天才

魏氏兒童智力量表

- 69 或以下：智力低下
- 70 ～ 79：學習困難
- 80 ～ 89：低於平均
- 90 ～ 109：平均
- 110 ～ 119：高於平均
- 120 ～ 129：優秀
- 130 及以上：非常優秀

庫爾特・勒溫

（一八九〇～一九四七年）

領導風格類型理論

❖現代社會心理學之父

一八九〇年九月九日，庫爾特・勒溫出生於普魯士莫吉爾諾（現位於波蘭境內）的一個猶太中產階級家庭中。一九〇九年，勒溫進入弗萊堡大學研讀醫學，後來轉學至慕尼黑大學，並決心研讀生物學。

一九一〇年，勒溫開始在柏林大學攻讀心理學及哲學的博士學位，並於一九一四年成功取得心理學博士學位。其後第一次世界大戰爆發，勒溫加入德國陸軍作戰，直至在戰役中負傷為止，總共服役4年。

一九一七年，勒溫與一位名叫瑪莉亞・蘭斯伯格的女教師結婚。這段婚姻只維持了10年，育有2名孩子。隨後，勒溫於一九二九年與格特魯德・魏斯結婚，並再次生下2名孩子。

一九二一年，勒溫開始於柏林大學的心理學研究所任教，主要教授心理學及哲學。當時的他非常受學生歡迎，出版了諸多書籍。一九三〇年，勒溫受史丹佛大學之邀前往美國擔任訪問教授，並在一九四〇年移居美國，正式成為美國公民。

二戰開打後，勒溫運用自己的研究成果協助美國政府，並擔任政府顧問一職。一九四四年，他創立了對抗宗教和種族歧視的「社區關係委員會（ＣＣＩ）」，並在麻省理工學院創立「群體動態研究中心」，專注於研究群體本身以及群體對個體行為的影響。

勒溫可說是首位使用科學方法和科學實驗來探討社會行為的心理學家，因而被視為當代社會心理學之父。在世期間，勒溫出版了8本書，撰寫超過80篇文章。

一九四七年二月十二日，庫爾特・勒溫因心臟病發過世，享年57歲。

❖場域理論

在學術思想上，勒溫深受完形心理學的啟發，同時受到阿爾伯特・愛因斯坦提出的「場論」理論（物體會持續和重力及電磁力產生交互作用）之影響。因此，勒溫試著把愛因斯坦的想法應用在心理學上，推測行為是個體持續與環境交互作用的產物。

勒溫認為，我們身處的整體情境會決定我們的行為模式，而整體情境中存在的因素則統稱為「場域」。根據他的理論，我們的行為會隨著我們感受到自己與周遭環境的張力而改變。因此，若要徹底瞭解人的行為模式，就必須將一個人的整體「生活空間」納入考慮——包括學校、工作、教會、家庭等環境。

勒溫的理論對社會心理學影響深遠，並且成功提倡了「行為是環境和個體間交互作用之產物」的概念。

❖領導風格類型理論

一九三九年，以勒溫為首的研究小組開始針對特定的領導風格類型進行研究。雖然後來分類的數量有所增加，但他們起初只將這些領導風格分為3類，分別為權威型、民主型以及放任型。實驗過程中，勒溫把一群學童分成3組，而這3組的領袖則分別對應3種領導風格。接著，在各組的領導者引導其他小孩進行手工藝活動時，研究小組的成員就開始觀察這些孩子的反應。

權威型領導（又稱「獨裁型領導」）

權威型領導者會直截了當地告訴成員要做什麼、最晚什麼時候做好，以及如何完成指定事項。在做決策的時候，這種類型的領導者幾乎不會向群體其他成員徵求意見，因此領導者和其他成員之間會形成明顯的鴻溝。在權威型領袖的領導之下，群體成員在解決問題時會比較缺乏創意。如果權威型領導者濫用自己的權力，成員通常會認為領導者十分獨裁且專橫霸道。領導者是群體中掌握最多資訊者、當群體能下決策的時間有限時，權威型領導者最能突顯出特點。此外勒溫也發現，如果要從權威型切換成民主型領導，會比從民主型換成權威型來得困難。

民主型領導（又稱「參與型領導」）

研究結果顯示，民主型是所有領導風格中最有效的一種。民主型領導者會積極參與群體活動，向成員徵詢意見，並提供適度導引。勒溫發現，雖然在民主型領袖領導之下的生產力看似不及權威型，但成員產出的品質卻比較高。民主型領袖仍然握有最終決定權，但同時也會鼓勵其他成員參與，使他們在過程中有比較多動力和參與感，並因而展現較多創意。

放任型領導

放任型領袖會把決策的責任完全交到其他成員手上，且不會進行任何干涉。勒溫發現這樣領導風格的生產力是三者中最低的。此外，這組成員會更加仰賴領袖的引導而無法獨立作業，且很少會與彼此互相合作。如果群體中的成員在不同領域中涉獵甚深，且有足夠資格可以獨當一面的話，放任型領導風格才可能有成效。然而，大多時候這樣的領導方式都會讓群體成員缺乏動力，且無法發展出明確分工。

庫爾特・勒溫破天荒地把焦點從行為與過去經驗的關係，轉到個體與環境的關係，並因此成為社會心理學的祖師爺之一。同時，他融合完形心理學的取向、對於情境影響力的深刻理解，再加上對群體動力和領導風格的深入研究，都深深地影響了往後心理學家思考及研究社會行為的方式。

卡爾・榮格（一八七五～一九六一年）

分析心理學

❖內向者、外向者與潛意識

一八七五年七月二十六日，卡爾・榮格出生於瑞士凱斯威爾。他的父親是一名牧師，而他是家中4個小孩裡唯一存活下來的。他的母親受憂鬱症所苦而常不在家，這個狀況一直到他4歲舉家搬至巴塞爾時才改善。

榮格曾說，他記得自己小時候比較喜歡獨處，獨自一人時往往是他最快樂的時候。一八八七年，也就是榮格12歲時，他被同學推倒在地並失去意識。自此之後，榮格時不時會發生神經質的昏厥，並深深受此所苦。雖然榮格馬上發現這樣的症狀可以讓他暫時不用上學，但這些症狀並非他裝出來的，而的確是由神經症所造成。因此，他在家休養6個月之久，醫生也很擔心他是否罹患了癲癇。有一天，榮格無意間聽到父親跟別人的對話，對話中父親表示十分擔心榮格會不會再也無法自立。從那天開始，榮格就決定更加專注於學業。在正式回到學校之前，榮格仍然時不時會暈倒，但他終究克服了自己的困難，順利回到學校就讀。從此，他再也沒有發生昏厥的狀況了。多年後回過頭來看，這可說是榮格初次體驗到神經症。

一八九五年，榮格進入巴塞爾大學習醫。某天他發現了一本跟超自然現象有關的書，從此對靈性與精神病學起了極大的興趣，並在大學的尾聲將研讀的重心從醫學轉向靈修學。一九〇二年，榮格完成了博士論文，標題是《所謂神祕現象的心理病理學》，並以醫學博士的身分畢業。

一九〇三年，榮格與艾瑪・勞珍巴克結婚，並開始在柏戈赫茨利精神醫院工作。雖然這段婚姻一直到一九五五年艾瑪過世後才告終，但在此之前榮格仍與其他女性有過婚外情，其中包含他在柏戈赫茨利精神醫院接到的第一位病患，這段關係持續了一年之久。

一九〇六年，榮格開始了與西格蒙德・佛洛伊德的信件往來。他將自己的數篇著作命名為《Studies in Word Association》，一併寄給佛洛伊德。不久後，兩人成為摯友，而這段友情大大影響了榮格的學術生涯，尤其是讓他對潛意識燃起了強烈興趣。然而，從一九〇九年起，榮格開始不大認同佛洛伊德的某些想法——佛洛伊德認為性是人類行為背後的主要動機，而榮格則比較重視象徵、夢境以及自我分析等。於是一九一二年，兩人的友情正式宣告決裂。榮格公開反對佛洛伊德以性為中心的理論架構，使當時的精神分析社群視他為敵，並導致他與好幾位夥伴及友人斷了聯繫。然而，正是這段時間，他全心投入潛意識的探索，並開創了知名的「分析心理學」。

榮格相信，我們一生中的最終目標就是要完美融合自己的意識與潛意識，成為「真實的自我」——他將這個過程稱為「個體化」。此外，榮格也對他所謂的「原始心理學」非常感興趣，因而研究了諸如印度、東非以及新墨西哥州的普布羅印第安等文化。最後，他在一九六一年於蘇黎世與世長辭。

❖原型

和佛洛伊德有些相似的是，榮格也相信我們的心靈是由3個部分組成。然而，他的想法跟佛洛伊德還是有些出入。榮格認為，心靈可以分為自我、集體潛意識，以及個人潛意識。自我代表著我們的意識，而集體潛意識則是全人類共有的資訊和經驗——榮格認為，這些資訊和經驗可說是一種心靈層面的人類遺產。而個人潛意識包含了我們可提取的記憶以及被我們壓抑在深處的記憶。

心理學用語

個體化：我們可以藉由觀察自己白天的幻想和夜晚的夢境所傳達的訊息，來瞭解、表達並協調我們心靈中各自獨特的部分，最終成為所謂的「真實自我」。根據榮格的說法，每個人的潛意識中都有許多他稱為「原型」的原始意象，這些意象都反映了不同文化共有的主題和模式。原型的運作模式和本能相似，也會隨著時間漸漸被我們拋棄，並幫助我們組織各種生活經驗。

在榮格的理論中，原型——也就是反映出許多人類共有模式的原始意象——存在於集體潛意識當中，幫助我們整合日常生活中的特定經驗。這些原型並不是後天習得的，而是經由遺傳而來，因此是每個人生來就具備的。原型可以相互融合或重疊，雖然榮格並沒有限定一個人有多少原型，但他認為有4個原型最為重要：

①自性

代表意識與潛意識的結合，並象徵著對於一體性及整體性的追求。這樣的追求可以透過「個體化」來達成，也就是當我們性格中的每一部分得到同等展現、心靈上更為平衡的時候。夢境中，自性通常以圓圈、正方形或是曼陀羅的意象出現。

②陰影

此原型由生命及性愛相關的本能所組成，充斥著人性的弱點、慾望、缺陷以及受壓抑的想法。陰影的原型是潛意識的一部分，代表著未知、混亂以及野性。夢境中，通常以蛇、龍或惡魔等樣貌出現，也可能是其他奇特、黑暗或野蠻的形象。

③阿尼瑪或阿尼瑪斯

在男性的心靈中，「阿尼瑪」是一個女性意象；而在女性心靈中，「阿尼瑪斯」則是男性意象。當兩者相互結合時，就稱為「融合體」。舉例來說，如果兩個人互相認為對方是自己的靈魂伴侶，阿尼瑪和阿尼瑪斯就會相互融合。融合體又稱為「聖耦」，代表著整體性、一體性，以及完滿的感受。因此，阿尼瑪和阿尼瑪斯可說是我們「真實自我」的象徵，也是我們和集體潛意識相互溝通的渠道。

④人格面具

人格面具指的是我們對外在世界展現的自我形象，可以保護自性不受負面形象影響。夢境中，人格面具可能以各式各樣的形態出現，象徵著我們和不同人在不同場合中互動時所戴著的各種面具。

除了以上4種原型，榮格也提到過其他原型，包含父親（代表權威和力量）、母親（代表撫慰和養育）、兒童（代表對純真和救贖的渴望），以及智慧老人（代表智慧、引導及知識）等。

卡爾・榮格身為分析心理學創始人，以理解人的潛意識和自我整合的慾望來切入精神分析學派思想。榮格對內外向性格、夢境及象徵所提出的想法，深深影響了後來的心理治療，並加深世人對性格心理學的理解。

Column

榮格和戒酒無名會的淵源

一九三〇年代早期，一名人稱「羅蘭・H」的男子與榮格見面，希望他幫助自己戒除嚴重的酒癮。經歷幾次診療之後，狀況仍沒有改善。榮格認為，除非借助靈性經驗，否則羅蘭的病情不可能好轉。因此，榮格將他轉介至名為「牛津小組」的基督教福音派團體。羅蘭不只聽從了榮格的建議，更在往後介紹另一名酒精成癮者「艾比・T」加入小組。後來，艾比在小組的幫助下成功戒酒，並再介紹自己往日的酒友「比爾・W」加入。到最後，比爾・W在小組內成功經歷了靈性覺醒的過程，並成為「戒酒無名會」的創始人。一九六一年，比爾・W親筆寫了一封信給榮格，以感謝他的所作所為。

亨利・莫瑞（一八九三～一九八八年）

心因性需求理論

❖人格特質

一八九三年，亨利・莫瑞出生於紐約州紐約市的富裕家庭中。一九一五年，莫瑞從哈佛大學畢業，拿到歷史學士學位。接著，他在哥倫比亞大學醫學院拿到生物學博士學位。在哥倫比亞大學的這段時間，讓他開始對心理學感到十分有興趣。

那時，莫瑞對於榮格的理論十分著迷，並在一九二五年與榮格在蘇黎世會面。回想起當時的情景，莫瑞記得他跟榮格兩人聊了好幾個小時，還一起抽菸和出海。這次會面甚至讓莫瑞體會到自己潛意識的存在。從那時起，莫瑞就下定決心要正式踏上心理學這條路。

過不久，莫瑞就受創始人莫頓・普林斯之邀，成為哈佛心理診所的講師，並在一九三七年成為診所主任。憑藉著深厚的醫學背景及精良的分析訓練，莫瑞成功為他的人格及潛意識等研究主題帶來了獨特的觀點。

一九三八年，為了在二戰貢獻一己之力，莫瑞離開了哈佛心理診所。當時，他甚至受託為阿道夫・希特勒進行心理狀況側寫。那年，莫瑞也建置了現在遠近馳名的主題統覺測驗（簡稱ＴＡＴ），用來檢驗人潛意識中的動機及人格特質。二戰期間，莫瑞成立了戰略情報局，並身任其領導職位。戰略情報局的任務是檢視美國各情報局中的情報員在心理上是否足夠適任。

一九四七年，莫瑞回到哈佛大學任職，並在一九四九年協助成立哈佛的心理診所附屬機構。一九六二年，他成為哈佛大學的榮譽教授。最後，他於一九八八年六月二十三日死於肺炎，享年95歲。

❖莫瑞的心因性需求理論

一九三八年，莫瑞提出心因性需求理論，認為性格是大多深埋於潛意識中的基本需求之產物。其中最基本的2個需求為：

① **初級需求**：為生理上的需求，如：需要食物、水及氧氣等等。

② **次級需求**：為心理上的需求，如：需要成就、栽培及獨立等等。

此外，莫瑞與其同事認為，有27項需求是全人類所共有的（但每個人需求的程度可能不太一樣）。這些需求如下：

- **貶抑**：接受懲罰和投降的需求。
- **成就**：成功並克服障礙的需求。

- **支配**：將物品納為己有的需求。
- **親和**：建立友誼和關係的需求。
- **攻擊**：傷害他人的需求。
- **自主**：保持強壯並抵抗他人的需求。
- **逃避指責**：遵守規則以避免受到責備的需求。
- **建設**：創造和建立的需求。
- **獨特性**：成為獨一無二的需求。
- **抵抗**：捍衛自己榮譽的需求。
- **辯解**：為自己的行為辯解的需求。
- **順從**：服務或跟隨上位者的需求。
- **支配**：領導和控制他人的需求。
- **表現**：吸引他人注意的需求。
- **闡述**：教育他人及提供他人資訊的需求。
- **避免傷害**：避免苦痛的需求。
- **避免受辱**：隱藏弱點，避免恥辱或失敗的需求。
- **養育**：保護無助者的需求。
- **秩序**：組織、整理、注重細節的需求。

- **遊戲**：玩樂、放鬆、緩解緊張或壓力的需求。
- **認可**：通過展示自己的成就來獲得社會地位和認可的需求。
- **拒絕**：拒絕他人的需求。
- **感知**：享受感官體驗的需求。
- **性**：建立並享受情慾關係的需求。
- **同理**：與他人產生共鳴的需求。
- **求助**：獲取同情或庇護的需求。
- **理解**：提問、尋求知識、分析和體驗的需求。

莫瑞認為以上每個需求都十分重要，但這些需求之間可能有彼此相關、支持或衝突的現象。根據他的說法，某種程度上環境會影響我們如何在一舉一動中展現出這些需求，而他將這些環境因素稱為「壓力」。

❖實驗〈主題統覺測驗〉

莫瑞試圖透過主題統覺測驗，挖出人潛意識中的內容、檢驗人慣常的思考模式，並挖掘人格特質以及情緒反應。為了達成這些目的，測驗中會讓受試者觀看數張含義模糊卻能引發人思考的圖片，並請他們依此說出故事。

◉**實驗步驟**

①讓受試者觀看圖片一段時間。

②請受試者根據看到的圖片講一個故事，故事中必須包含以下內容：

‧為什麼會發生圖片中的事件？

‧圖片中發生了什麼事？

‧圖片中的角色在想什麼？可能的情緒為何？

‧故事的結尾為何？

實際的測驗中總共會有31張圖片，圖中主角可能是男性、女性或小孩，甚至性別不明或非人類。其中一張圖片是完全空白的。

研究人員記錄完故事內容後，就會開始分析受試者深層的態度、需求以及反應模式。在分析過程中，通常會使用以下2種正式計分方式——防衛機制手冊（簡稱DMM），用來評估受試者呈現的否認、投射及認同之防衛機制；另一種則是社會認知及客體關係量表（簡稱SCORS），用來分析受試者心靈在環境中展現出的各個面向。

Column

莫瑞對阿道夫・希特勒的分析

一九四三年，同盟國陣營委託莫瑞來幫助他們瞭解阿道夫・希特勒的心理組成。於是，莫瑞總結出希特勒有以下的人格特質：容易記仇、習慣貶抑、責怪及霸凌他人、不能容忍批評及玩笑、無法向他人表達感恩之情、追求復仇，且喜歡吸引他人注意力。此外，他也認為希特勒的人格有些失衡，表示希特勒非常相信自己，同時非常固執己見。最後，他甚至成功預測到，若德國戰敗，希特勒就會用非常戲劇化的方式自縊。當時，他十分擔心希特勒會因此成為許多人心目中的愛國烈士。

亨利・莫瑞的心因性需求理論，以及他對人格的深刻見解，對心理學來說都非常重要。莫瑞不但再次強調了潛意識的重要性，同時也十分注重生理上的種種因素。而他的主題統覺測驗直至今日仍廣為使用。

左腦和右腦

❖ 左右開弓

我們的左右腦各有其特殊功能，且各自負責執行不同類型的思考。最有趣的是，我們左腦和右腦幾乎可以獨立運作，而心理學將這樣的現象稱為腦功能的「側化」。

一九六〇年代初期，心理學家羅傑・斯佩里開始針對癲癇患者進行一系列實驗。實驗中，斯佩里發現如果切除連結左右半腦的結構——也就是所謂的「胼胝體」，就可以減少癲癇發作的頻率，甚至完全治好癲癇。

在切除胼胝體後，起初看似正常的病患會逐漸開始出現一些奇怪的症狀。許多病患發現他們可以說出由左腦處理物品的名字，卻叫不出由右腦處理物品的名字。從這些現象中，斯佩里得出了左腦負責控制語言的結論。而另一部分病患則是無法按照既定方式拼湊積木。

斯佩里成功地展現了左右腦各自負責不同的功能，而且兩側的腦半球都有學習能力一事。

一九八一年，因為他對於腦側化概念的貢獻，斯佩里獲得了諾貝爾獎。

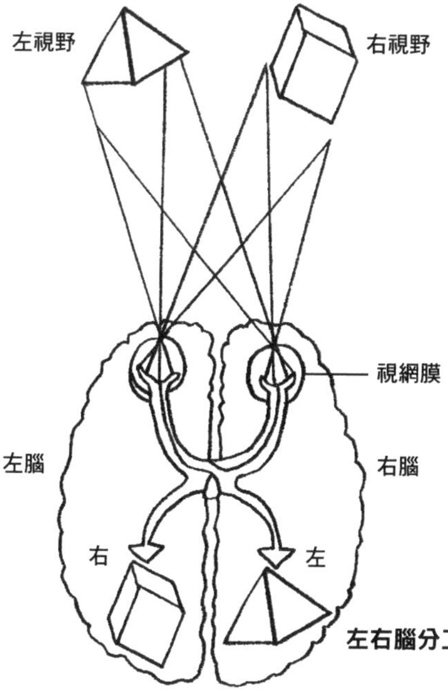

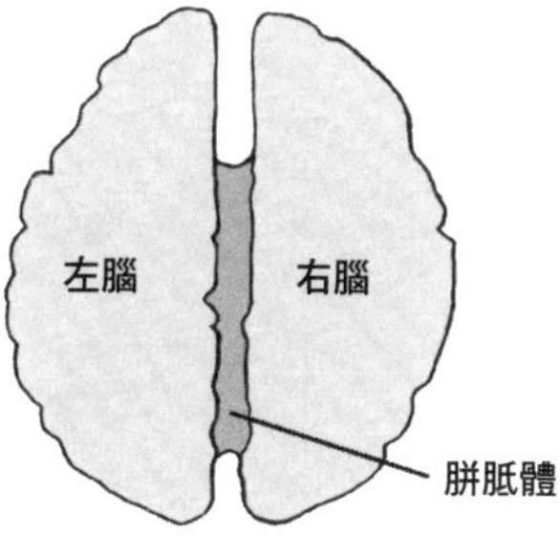

左右腦分工示意圖

・右腦優勢

右腦負責掌管左半身，較擅長執行表達及創意相關的任務（又稱為「視覺建構任務」）。這類型任務包含表達和解讀情緒、理解隱喻、分辨形狀（例如：找出偽裝在環境中的物體）、臨摹圖樣以及創作音樂等。

・左腦優勢

左腦負責掌管右半身，較擅長處理和語言、批判性思考、邏輯、理性和數字相關的任務。

❖實驗〈裂腦實驗〉

在羅傑・斯佩里的裂腦實驗中，他讓一個裂腦病患（也就是胼胝體被切斷的病人）坐在螢幕前，且這個螢幕會遮擋住病患的雙手。螢幕後方，斯佩里放置了一些病患看不到的物體。

一開始，斯佩里會要求這名病患專注盯著螢幕正中央。接著，病患的左視野中會出現一個單字，而這項資訊會由主要負責非語言部分的右腦接收。結果顯示，此病患確實無法說出他

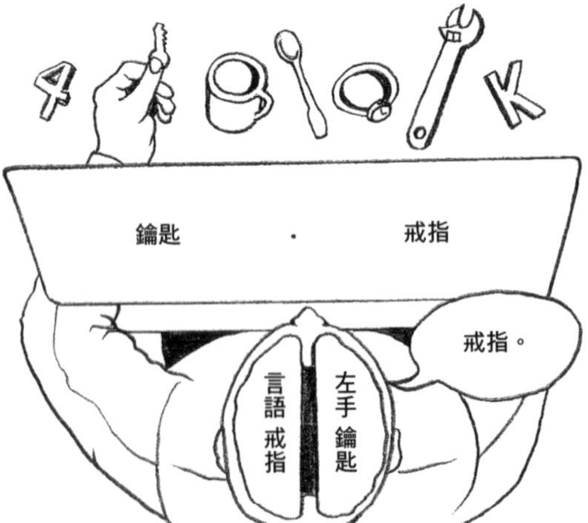

裂腦實驗示意圖

看到的字是什麼。

接下來，斯佩里要求病患把左手伸到螢幕後方，並選出與他剛剛看到的字相符合的物體。神奇的是，即使病患沒有意識到自己有看到字，仍能夠正確地選出相對應的物體——而這就是因為右腦負責控制左側身體的活動。

透過這項實驗，斯佩里成功地證明了左腦半球負責控制閱讀和言語，而右腦半球則無法處理言語相關的刺激物。

Column

右腦人與左腦人

知道自己是右腦人或左腦人，有什麼用呢？其實，瞭解自己的優勢腦對於找出更好的學習策略很有幫助。舉例來說，如果右腦是你的優勢腦，那言語形式的教學可能對你來說比較困難。因此，將教學內容寫下來，或是增進自己的組織能力，可能會對你頗有幫助。

愛

❖傾聽內心的聲音

「愛」或許可說是我們人類最複雜，同時也最重要的一種情緒。因此，心理學家提出了不少關於愛的理論。然而，雖然這些心理學家一致認為愛很重要，但對於為什麼要有愛這種情緒，以及愛是如何產生的，他們還尚未有定論。

目前為止，共有4個重要理論試圖解釋愛、情感依附以及喜歡的本質。

❖魯賓的喜歡與愛情量表

心理學家茲克・魯賓可說是針對「愛」建立實徵測量方法的先驅。魯賓認為，愛情是由3個元素所組成的——依附、關懷以及親密。

- **依附**：指和對方待在一起以及受對方關心的需求。依附中重要的成分包含認同及肢體接觸。

・**關懷**：指像重視自己的幸福和需求一般，重視對方的幸福和需求。
・**親密**：指向對方表達自己隱藏的慾望、感受以及信念。

根據以上想法，魯賓建立了可以測量這3個元素的兩種量表。

魯賓認為「愛」一個人和「喜歡」一個人的差別，就在於我們評價對方的方式不同。因此，這兩種量表的目的就是要分別測量出「愛」和「喜歡」對方的感受，然後將兩個結果進行比較。

魯賓讓一群受試者填寫這兩份量表，並請他們分別想著自己的好朋友和另一半進行填答。施測結束後，他發現受試者在想著好朋友填答時，「喜歡」量表的分數都滿高的；但唯有在想著另一半填答時，「愛情」量表的分數才會比較高。也就是說，藉由這兩種量表，魯賓成功測量到了「愛情」的感受。

❖伊萊恩・哈特菲爾德的激情之愛與伴侶之愛

心理學家伊萊恩・哈特菲爾德認為世界上只有2種愛——激情之愛和伴侶之愛。

・**激情之愛**：這種愛的特徵在於強烈的性衝動、磁鐵般的吸引力、極度的愛慕、激烈的情緒，以及與對方待在一起的渴望。同時，激情之愛也是稍縱即逝的，通常只能持續6到30個月。然而，這種類型的愛有機會發展成所謂的「伴侶之愛」。

- **伴侶之愛**：這種愛的特徵是深深的依戀、尊重、信任、鍾愛以及承諾，持續時間則比激情之愛來得長久。

此外，哈特菲爾德認為，愛也可以分成雙向的愛以及單向的愛。雙向的愛是互相的，可以帶來愉悅和滿足感；而單向的愛則會帶來絕望感。

另外，她也認為愛情——無論是激情之愛還是伴侶之愛——都需要有一些關鍵要素才會形成。以下就是這些要素：

- **時間點**：必須是我們已經準備好墜入愛河的時候。
- **相似性**：我們通常會深深愛上與自己有相似之處的人。
- **依附關係**：在持續較久且較深入的關係中，通常雙方之間會有強烈的情感依附關係；而時常在愛與不愛之間擺盪的人，通常沒有這種強烈的依附或連結。

❖ 6種愛情風格

約翰・李認為，愛情的不同風格與色彩學中的色環有異曲同工之妙。

首先，他相信愛可以分成3種基本風格，就如同色環中有三原色一樣。這3種風格分別為：

①情慾之愛：肉體上和情感上都深深愛著心目中理想的對方。

②遊戲之愛：一種如同遊戲或戰場的愛情形式，可能發生腳踏多條船的情況。

③友誼之愛：從友情慢慢發展出來的愛。

此外，就像色環上的三元素可以彼此組合成許多互補色，這些基本的愛情風格也可以互相合成，形成3種次級愛情風格：

①依附之愛：由情慾之愛與遊戲之愛組合而成，是一種會讓人過於沉迷其中的愛情，常會伴隨著劇烈的情緒起伏、嫉妒的感受，以及強烈的佔有慾。

②現實之愛：由遊戲之愛與友誼之愛組合而成，是一種非常實際的愛情，雙方抱著能夠開花結果的希望進入關係，並且會從非常現實的層面來考慮對於關係的期待。

③奉獻之愛：由情慾之愛與友誼之愛組合而成，是一種極度包容且無私的愛情。

❖愛情三角理論

羅伯特・史坦伯格於二〇〇四年發表這個理論，他認為愛可以分成3個元素——親密、激情以及承諾。

①親密：指雙方關係緊密、相互扶持、彼此分享以及被愛的感受。
②激情：指性方面的衝動、吸引力和快感。這通常是讓我們想要與對方在一起的原因。
③承諾：指對彼此保持忠誠並維繫長期關係的慾望。

這3個元素可以相互組合成7種不同類型的愛情關係。

簡單來說，可以把這個理論想像成一個三角形，三角形的3個頂點分別為親密、激情和承諾，這7種不同的愛就是頂點間的連接線。

我們也可以用表格的方式來理解這幾種不同的愛：

- **喜歡式愛情**：有親密感以及緊密連結，卻沒有任何激情和承諾的友情關係。
- **迷戀式愛情**：當我們「一見鍾情」時所體驗到的就是這類愛。因為沒有任何親密與承諾存在，所以這種迷戀式的愛情可能轉瞬即逝。
- **空洞式愛情**：當愛情中不存在任何親密與激情，只剩下雙方堅定的承諾時，就稱為空洞式愛情。
- **浪漫式愛情**：這種愛情同時具有親密和激情。也就是說，對彼此會有性慾和情感上的連結，卻缺少承諾的元素。
- **友伴式愛情**：當愛情中沒有激情，或是激情已然消失，卻仍然有堅定不移的承諾和對彼此深深的愛慕時，就稱為友伴式愛情。我們通常會在家人、摯友，甚至已婚伴侶之間看到這類愛情存在。

・**愚蠢式愛情**：僅有激情和承諾，卻沒有親密的愛情。衝動成婚卻又馬上分開的伴侶之間所共有的，就是這類愛情。

・**完美式愛情**：同時有親密、激情和承諾，是最理想的愛情形式。史坦伯格認為，這類愛情一旦達成，要維持是更加困難的，且可能不會永久存續。舉例來說，如果激情隨著時間而淡去，這種完美式愛情就會變成友伴式愛情。

史坦伯格相信，隨著關係進展，伴侶間親密、激情和承諾的比例會有所變化。

對於這3種元素和7種愛情形式有所瞭解之後，伴侶就可以知道哪些部分是他們比較需要改善的、哪些事情是必須避免的，甚至明白哪時候會是比較好的分手時機。

	親密	激情	承諾
非愛慕關係			
喜歡式愛情	X		
迷戀式愛情		X	
空洞式愛情			X
浪漫式愛情	X	X	
友伴式愛情	X		X
愚蠢式愛情		X	X
完美式愛情	X	X	X

史坦伯格愛情理論圖示

卡倫・荷妮

（一八八五～一九五二年）

女性心理學

❖關於女性、精神官能症與脫離佛洛伊德

一八八五年九月十六日，卡倫・荷妮（原姓丹尼爾森）出生於德國一個名叫布蘭肯內澤的漁村裡。荷妮的父親是一名船長，十分嚴苛且篤信宗教，因偏愛哥哥貝恩特而常常不理會荷妮。

9歲那年，卡倫開始對自己的哥哥貝恩特產生戀慕之情，並在遭到哥哥拒絕後陷入糾纏她一生的憂鬱中。當時的卡倫認為自己是個沒有魅力的女孩，並相信在學業上表現優良才是讓自己闖出一片天的最佳方法。

一九〇六年，也就是荷妮21歲那年，她進入佛萊堡大學的醫學院就讀。3年後，荷妮嫁給了名叫奧斯卡的法律系學生，並在一九一〇到一九一六年的這段期間與他一同生了3個小孩。這段期間內，荷妮先是轉學到哥廷根大學，後來才正式於一九一三年從柏林大學畢業。在短短的一年間，荷妮就經歷了雙親的亡故，以及第一個孩子的誕生。為了妥善處理隨之而來的各種情緒，當時的她求助於一名叫作卡爾・亞伯拉罕的精神分析師，而亞伯拉罕同時也是佛洛伊德的弟子。後來，亞伯拉罕成了荷妮在柏林精神分析研究所的導師。

一九二〇年，荷妮開始在柏林精神分析研究所擔任講師一職。一九二三年，荷妮的弟弟去世，這對她造成嚴重打擊，使她再次陷入憂鬱。一九二六年，荷妮與丈夫分居，並於一九三〇年時帶著3個孩子搬到美國，定居在紐約布魯克林的一個德國猶太人區。正是這段期間內，荷妮得以結識許多知名的心理學家，如：埃里希・弗羅姆、哈里・史塔克・沙利文等人。

很快地，荷妮就成了芝加哥精神分析學院的副院長，並開始發展她最具影響力的精神官能症及性格理論。2年後，荷妮回到紐約，同時於紐約精神病分析研究所和社會研究新學院就職。同年，她進一步成立了美國精神分析研究所，並分別於一九三七及一九四二年出版《The Neurotic Personality of Our Time》及《Self-Analysis》這2本著作。

卡倫・荷妮最為人所知的大概就是她針對精神官能症的研究，以及她因為與佛洛伊德在對於女性的觀點上產生分歧而決定與他分道揚鑣的這段故事。此外，她也成功引起了眾人對於女性心理的興趣，並堅信人人都能當自己的治療師，因此她非常強調自助以及自我分析的概念。一九五二年十二月四日，卡倫・荷妮死於癌症，享年67歲。

❖女性心理學

雖然荷妮從來沒有在佛洛伊德門下學習過，但她對佛洛伊德的理論和著作都十分熟稔，甚至曾經在柏林與紐約的精神病分析研究所中教授精神分析。也正是在這段期間內，她對於佛洛伊德理論的想法逐漸促使她背離精神分析學派的思想架構。

根據佛洛伊德的說法，在性心理發展階段的性蕾期期間（也就是3到6歲），女孩與父親之間的關係是建立在女孩對於父親陰莖的欽羨之上。然而，荷妮並不同意這個觀點，認為佛洛伊德的想法不僅不正確，同時也貶低了女性。不只如此，荷妮認為在性蕾期時，男性會因為女性可以生育而產生嫉妒，她將這個現象稱為「子宮欽羨」。這樣的嫉妒使得男性感到自卑，因此會試圖透過在其他方面有所成就來彌補這樣的自卑感。換句話說，因為男性不能生育，所以他們會藉由其他方式在世界上留下自己的印記。

除了陰莖欽羨的概念外，荷妮也不太同意佛洛伊德的另一個說法。佛洛伊德認為，從生物學的角度來說，男女兩性的人格特質打從出生就截然不同。然而，荷妮認為如果女性在社會文化上沒有受到這麼多限制，男女之間就會呈現平等的狀態。在當時這樣的說法是不為大眾所接受的，但在荷妮過世後卻引起許多共鳴，並協助了兩性平權的推動。

❖精神官能症理論

卡倫・荷妮提出的理論中，最為人所知的可說是有關於精神官能症的論述。她認為人際關係會導致所謂的「基本焦慮」，而精神官能症正是為了處理這些關係而產生的。她將所有神經質需求分為3種類別，並認為適應良好的人有能力運用這3種策略，唯有過度濫用這些策略才會導致神經質狀況的產生。

以下是這3種不同的類別：

①朝向他人的需求

這類型的神經質需求會尋求他人的贊同、協助或是肯定，目的是藉此感受自己的價值。由於渴望受到身旁人們的欣賞和喜愛，可能會讓人覺得有些黏人或是缺乏關愛。

②反抗他人的需求

為了獲得良好的自我感覺，這類型的人會將自己的力量強加在他人身上並控制周遭的人，藉此減緩焦慮的感受。展現出此類需求的人常被認為是不友善、自私、專橫且控制慾強的。荷妮認為，人會透過所謂的「外化」歷程，將自己的敵意投射到他人身上，並以此作為自己傷人舉動的藉口。

③遠離他人的需求

這類型的神經質需求會導致反社會行為產生，且會看起來對他人漠不關心。這種處理方式背後的邏輯是，如果不和他人扯上關係，那他人也就無法傷害自己了。然而，這種做法也會導致孤獨感及空虛感的產生。

此外，荷妮也分別列出歸在這些類別之下的10種神經質需求：

朝向他人

①需要愛與讚美：這類型的需求會想要回應他人的期許、取悅他人，以及受到他人喜愛。此外，常會害怕他人的敵意和憤怒，並且對於拒絕和批評非常敏感。

②需要能掌控自己生活的伴侶：這類型的需求會害怕遭到伴侶拋棄，並且相信只要有伴侶在身旁，生活中

所有的困難和問題都會迎刃而解。

反抗他人

③**需要掌權**：這類型需求的人會試圖掌控他人，痛恨一切軟弱的人事物，且十分崇尚和渴望力量。

④**需要剝削他人**：這類型需求的人喜歡操控他人，並且相信人生來就是要被利用的。與他人產生連結時，僅僅是為了得到某些東西，例如：性、金錢或是掌控權等等。

⑤**需要名望**：這類型需求的人總是在追求大眾的讚美和認可，會依據聲譽和名望來看待一切事物，包含：社會階級、物質財產、事業成就、人格特質，甚至是親密伴侶等等。此外，這類型的人非常害怕在眾人面前出糗。

⑥**需要個人成就**：為了成就自我而努力是再正常不過的事情。然而，有這類神經質需求的人會對於成就汲汲營營，而他們努力的主因是因為缺乏安全感。這類型的人害怕失敗，並且總是會希望自己的成就高於他人。

⑦**需要受人景仰**：這類型需求的人總是非常自戀，希望他人看見的是他們心目中理想化的自己，而非真實的樣貌。

遠離他人

⑧**需要十全十美**：這類型需求的人總會害怕自己有缺陷，因此會不斷嘗試挑出自己的毛病，好趕快將之改掉或隱藏。

⑨**需要獨立**：這類型需求的人會與他人拉開距離，以避免太過依賴他人或是受他人所累，因此通常會有種

「獨來獨往」的心態。

⑩需要把自己的生活限制在狹窄範圍內：這類型需求的人不喜歡自己太顯眼或受到矚目，通常會低估自己的能力及才華，也不會要求太多，且物慾低落；他們很容易感到滿足，不會把自己的需要排在第一位。

卡倫・荷妮對於心理學界的影響甚鉅，她提出了許多新穎的觀點，例如：將精神官能症視為處理人際關係的方法，以及條列出許多神經質需求並進行分類等等。此外，她擺脫了佛洛伊德以男性為主導的觀點，成功地為女性以及女性心理學發聲。

約翰・鮑比（一九〇七～一九九〇年）

依附理論

❖母愛理論之父

一九〇七年二月二十六日，約翰・鮑比出生於英國倫敦一個中上階層家庭中。鮑比的父親是安東尼・阿爾弗雷德・鮑爾比爵士，為一名在國王的醫療團隊中任職的男爵。因為當時中產階級間的習俗，相信展現母愛和關切會寵壞孩子，小時候的鮑比一天只能跟母親有約1小時的互動時間。身為家中6個孩子中的一員，鮑比因為和母親的相處時間少，反而跟保姆的感情十分親密。然而，在鮑比4歲那年，這位保姆離開了他們家。根據他的說法，當時的他所經歷的傷痛就好比失去親生母親一般。

在鮑比7歲那年，他的家人把他送到寄宿學校就讀。後來的鮑比在回憶這段時光時，認為這件事在他的成長歷程中留下不小的創傷。然而，這樣的創傷經驗卻深深地影響了他往後的職涯，使他開始關注孩子在被迫與照顧者分離後，其發展歷程會受到怎樣的影響。

後來，鮑比進入劍橋大學的三一學院研讀心理學，並在畢業後開始教導行為不當及適應不良的孩童。在22歲那年，鮑比開始於倫敦大學學院醫院習醫，並在就讀期間加入精神分析學院。一九三七年，鮑比以精神分析師的身分就職於倫敦的莫茲利醫院。

二戰爆發時，鮑比於英國皇家陸軍軍醫隊服役。一九三八年，他與一名名叫耳舒拉・朗斯塔夫的女子成婚，並在接下來數年內與她生了4個孩子。二戰結束時，他當上了倫敦塔維斯托克診所的副院長。一九五〇年代，鮑比當了一陣子世界衛生組織的心理健康顧問，並在這段期間發展出許多知名作品，其中就包含他大名鼎鼎的依附理論。

時至今日，約翰・鮑比最為人所知的，就是他在孩童發展領域涵蓋甚廣的理論作品。他以自身經驗出發，一心專注於研究與照顧者的分離如何影響孩童的發展，以及這種分離對於成長中青少年的實際意義為何。

一九九〇年九月二日，約翰・鮑比與世長辭，享年83歲。

❖依附理論

約翰・鮑比被認為是首位提出依附理論的心理學家，他研究的面向主要為早期的依附關係如何形塑往後的人生。根據鮑比的說法，依附關係是指兩個個體間心理上所建立的連結。他認為小孩生來就會與他人建立依附關係，因為這樣才能順利存活下來。此外，人的一生中最早建立的連結，就是幼年時與照顧者之間的關係，而這些連結會持續影響接下來的人生。依附關係會透過心理層面的力量來驅使孩子待在母親身旁，因而可以增加孩子存活的機率。

鮑比認為，唯有在母親有空且願意給予回應的時候，孩子才會有足以讓他們四處探索的安全感。在他的依附理論架構中，依附關係有4項不同的特徵：

①安全避風港：當孩子覺得害怕、受到威脅或是察覺到危險時，照顧者會給予適當的安慰、支持和撫慰。

②安全堡壘：照顧者提供孩子一個安全的根據地，讓他們得以自由地學習和探索世界，並靠一己之力來理解周遭的人事物。

③維持接近性：雖然孩子可以自由探索世界，但仍會想要待在離照顧者不遠的地方，以保護自身的安全。

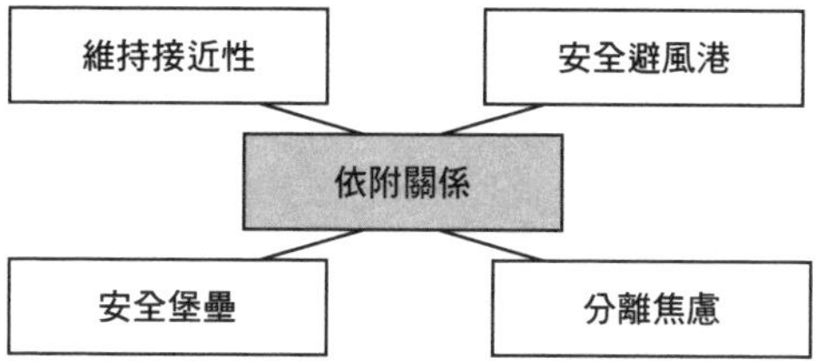

心理連結示意圖

④**分離焦慮**：與照顧者分開時，孩子會感到心煩意亂、不開心，甚至於表現得悲痛不堪。

終其一生，孩子只會形成一次「原始依附」，其對象通常是母親，且形成時間是孩子出生後的1年內（這樣的現象稱為「單一依附」）。如果孩子從未形成這樣的連結，或是連結因某些原因而瓦解，則可能在孩子身上留下嚴重後果，甚至使孩子發展出所謂的「無情型精神病態人格」。如果孩子在3歲前都沒能建立起依附關係，則終其一生都無法建立任何依附關係了。

除此之外，依附關係還有以下幾項特質：

- 與照顧者的依附關係必須要是安全的，才能夠確保孩子在社交、智力和情緒上都有正向發展。
- 如果依附關係在形成之後遭到中斷，則會對孩子在社交、智力和情緒發展上產生嚴重影響。
- 孩子和照顧者相處的關鍵期大約在出生後的6到24個月之間。

心理學用語

母愛剝奪：鮑比用這個詞來指涉被迫與母親分開後對孩子發展歷程所造成的傷害。長期來看，母愛剝奪會導致孩子有智力下降、憂鬱、攻擊行為和行為失當的傾向，以及發展出無情型精神病態人格（其特徵包含：不會產生自責和悔恨的情緒、無法和他人建立情感連結、無法控制自己的衝動，以及經常處於憤怒的情緒當中等等）。

❖實驗〈44個小偷研究〉

為了測試小孩5歲前與母親間的關係對社會化的重要性，鮑比針對44名少年罪犯進行一項實驗。鮑比認為，這種重要的依附關係若遭到中斷，可能直接導致孩子有較高機率從事少年犯罪、做出反社會行為，或產生情緒障礙。簡單來說，鮑比就是想知道母愛剝奪是否會導致少年犯罪行為發生。因此，他找來44名因偷竊而被安置在兒童輔導中心的少年罪犯，並與他們進行訪談。此外，他也找了該輔導中心的另外44名少年作為對照組，這些少年都被判定有情緒障礙，但沒有偷過東西。接著，鮑比找來少年罪犯及控制組的家長進行訪談，為的是要看看這些孩子在5歲前是否有與父母分開的經驗，且這些經驗總共持續多久。

結果，鮑比發現超過半數的少年罪犯在5歲前都有與母親分離的經驗，且持續超過6個月之久；而在控制組中只有2名少年有過類似經驗。此外，控制組中沒有任何少年展現出缺乏情感的精神病態人格；然而在少年罪犯組中，

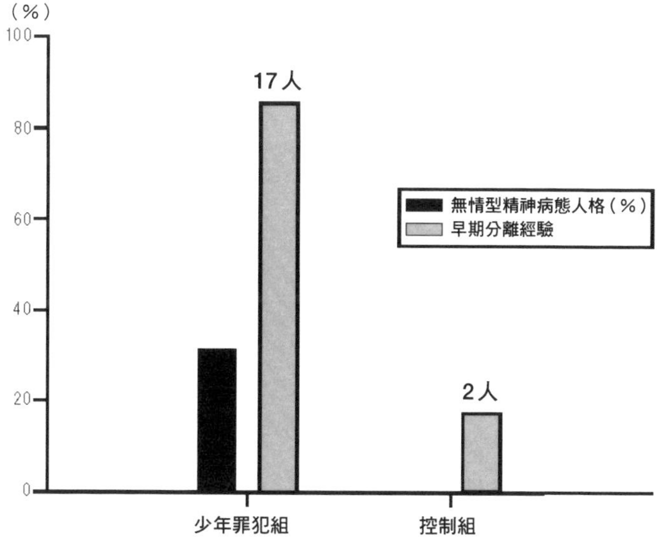

鮑比的研究結果

卻有32%的少年表現出這樣的人格特質。從這項研究結果中，鮑比得出以下結論——童年經歷的母愛剝奪和少年時期的犯罪傾向有正相關。

鮑比的研究當然也有質疑之處，因為這項研究所仰賴的僅是訪談和個人回憶，資料可能不夠準確。此外，這項研究是由鮑比親自設計和執行，連無情型精神病態人格的診斷標準都由他決定，可能有實驗者偏差。不過，鮑比從自身經驗出發，可說是開拓了心理學研究的一個全新領域。時至今日，我們仍能夠在教育、親職教養和幼兒保育等領域中，看到他深遠的影響力。

歸因理論

❖為我們一切所作所為賦予意義

歸因理論可以用來說明，我們是如何將自己和他人的行為賦予意義的。換句話說，我們究竟如何解釋自己所看到的一切？又為什麼要對一切行為進行解釋呢？基本上，歸因理論認為，我們會針對自己和他人的行為進行背後原因的推測（歸因），藉此解釋這些行為。

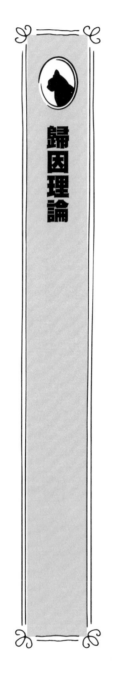

❖弗里茨・海德

首次提出歸因相關理論的是一名奧地利心理學家——弗里茨・海德。他在一九五八年提出這項理論，並稱之為「天真心理學」或「常識心理學」。海德認為，為了理解周遭的世界，我們會試圖找出其中的因果關係。

他主要提出了2個重要的概念：

①我們會做出所謂的「內部歸因」，也就是用個人特質、心情、態度等來詮釋他人的行為。舉例來說，我們可能會認為某人是出於嫉妒才做出某行為。

②我們會做出所謂的「外部歸因」，也就是用環境和情境等來詮釋自己的行為。

❖愛德華・瓊斯與凱斯・戴維斯

一九六五年，名為愛德華・瓊斯和凱斯・戴維斯的兩名心理學家一同提出「相應推斷理論」，用來解釋人們做出內部歸因時的歷程。

瓊斯和戴維斯認為，我們會特別注意他人「有意的」行為（他們將此舉稱為「性格歸因」），並做出相對應的內部歸因，而這些內部歸因則提供我們許多資訊，足以讓我們預測這個人未來的行為。舉例來說，我們可能在看到某人做出善意之舉後，就相信這個人是一個友善的人。在此，其實我們做出了「一個人的行為必定與其人格特質相對應」的推論，也就是所謂的「相應推斷」。瓊斯和戴維斯列出了5種會促使我們做出相應推斷的情況：

①選擇：我們通常會認為，他人自己選擇做出的行為，必定是內在因素所造成。

②社會期望：當他人做出不符合社會期待的行為時，我們會更容易做出內部歸因。

③有意和意外行為：當他人有意做出某行為時，我們會更容易歸因於該人的人格特質；而當他人不小心做出某行為時，我們則會傾向歸因於情境等外在因素。

④非共同性結果：當他人選擇的行為與其他可能方案的相似性較低時，我們比較容易做出內部歸因。

⑤利害關係：若他人的行為看起來是要很直接地幫助我們或傷害我們，我們通常不會僅將其視為周遭情境或事件的副產物，而是跟私人的恩怨有關。

❖哈羅德・凱利

歷史上最為知名的歸因理論，非哈羅德・凱利的「共變模型」莫屬了。凱利在一九六七年建立了這個邏輯模型，以幫助我們理解在什麼情況下人會傾向做出外部歸因，以及在什麼情況下會做出內部歸因。

心理學用語

共變：指一個體擁有來自不同情境和不同時間點所得的觀察結果。

凱利認為，我們的判斷會受到3種因果相關資訊影響，而當我們試圖找出行為原因時，便會將這些資訊納入考慮。此外，當行為遵守社會常規或不符合社會期待時，我們通常會傾向做出內部歸因。以下是凱利所提到的3種因果資訊：

①**一致性**：指某人是否在每次遇到類似情況時，都會做出特定行為。舉例來說，如果有個人只在與朋友出去玩時才抽菸，我們就說這個人的行為有高度一致性；反過來說，如果有個人只在遇到特殊場合時會偶爾來一根，則這個人行為一致性就較低。

②**共通性**：指每個人是否都會在相似情況下做出類似反應。舉例來說，如果有個人在跟朋友一起喝酒時抽了根菸，而此時這位朋友也抽了一根，則抽菸這項行為就具有高度共通性；反過來說，如果這個人抽菸時，朋友並沒有也來一根，則行為的共通性就較低。

③**特異性**：指某人是否在類似情況下都會做出相同行為。舉例來說，如果有個人只在與朋友相聚時會抽菸，則此行為就具有高度特異性；反過來說，如果有個人無時無刻都在抽菸，則行為的特異性就較低。

❖伯納德・溫納

伯納德・溫納所提出的歸因理論，特別強調「行為的成敗」。溫納認為，影響我們歸因方式的重要因素包含努力、能力、運氣以及工作難度，並以因果關係的3個向度來分類這些因素。

①**穩定性**：這項影響行為的因素是否會隨著時間而改變？

②**因素來源**：控制行為的是內部還是外部因素。內部控制是指我們可以自由決定要做出哪些行為，而外部控制則是指行為會受到外在或情境因素影響。

③**可控制性**：這項因素是否有能力控制。我們能控制的因素包含自身能力，而我們無法控制的因素則包含運氣及他人的行為等。

溫納認為，當我們有所成就時，通常會向內歸因於自身能力；而當他人有所成就時，我們則常會向外歸因至運氣或情境等因素。

而在我們失敗或無所成就時，常會使用外部歸因。也就是說，我們通常不會責怪自己，而是將失敗歸咎於情境等外在因素。這樣的現象稱為「自利偏誤」。反過來說，當他人失敗或無所成就時，我們則傾向使用內部歸因，認為這樣的結果是由他人的內在因素所造成。

❖歸因偏誤

我們試圖為行為找到原因時，除了剛剛提到的自利偏誤外，時常也會犯下其他類型的歸因偏誤。

以下列舉幾個常見的偏誤類型：

基本歸因偏誤

在詮釋他人的行為時，我們通常會低估外在因素的影響力，同時高估內在因素的影響力。尤其是當我們不太瞭解這個人時，這類型的偏誤就會更容易發生。會有這種偏誤的原因，可能是我們比起考慮對方個人的情況，更傾向於最終產生的結果。舉例來說，當學生作業沒交的時候，老師通常會認為是因為學生自己偷懶，而沒有考慮到學生可能面對到某些特殊情境。

文化偏誤

整體來說，北美和西歐通常屬於所謂的「個人主義」文化，重視個人的目標和價值觀；而拉丁美洲、亞洲和非洲等地則較常出現所謂的「集體主義」文化，重視家庭和合群。和集體主義文化相比，身處個人主義文化的人通常比較容易犯下基本歸因偏誤和自利偏誤；相較之下，身處集體主義文化的人通常比較容易犯下所謂的「自謙偏誤」，也就是自利偏誤的相反狀況，傾向於將成功歸因於外在因素，並將失敗歸咎於內在因素。

當事人－旁觀者偏誤

即使我們和他人身處同一情境，我們的歸因方式還是有可能根據自身角色而有所改變——也就是說，我們是情境中的當事人還是旁觀者，會影響我們的歸因方式。舉例來說，當我們考差了，可能會以「老師沒有教過某題的概念」為由，正當化自己的表現；然而，當班上的其他人考差、而我們自己考得不錯時，我們則可能會說「是其他人自己上課沒認真聽」。

情緒

❖為何我們會有這樣的感受？

「情緒」究竟是什麼呢？在心理學領域中，我們通常將情緒定義為「涉及生理、心理狀態的改變，且會進一步影響思考和行為的感受狀態」。

和情緒有關的理論大致可以分成3種類別：

①神經相關理論：其基本概念為腦部的活動會促使情緒反應的出現。

②生理相關理論：其基本概念為源於身體的反應會促使情緒的出現。

③認知相關理論：其基本概念為思考等心理活動會造成情緒的出現。

以下列舉幾位心理學家所提出的重要情緒理論。

❖詹郎二氏情緒論

所謂的「詹郎二氏情緒論」其實是由生理學家卡爾・郎奇以及心理學家威廉・詹姆士於一八八〇年代所分別提出的，可說是情緒相關學說中最為人所知的理論之一。這個理論的主要概念是，所有情緒都由我們對事件的生理反應所形成。

詹郎二氏情緒論可拆解成以下流程：事件發生＞激發生理反應＞進行詮釋＞情緒產生。

若我們接收到來自外界的刺激，就會產生相對應的生理反應。接著，這個生理反應會帶來特定情緒感受（又稱「情緒反應」），而具體感受為何則根據我們對生理反應的詮釋而有所不同。舉例來說，若某天我們走在路上時突然看到一隻面朝自己的美洲獅，我們的心臟可能會開始怦怦狂跳，身體則開始瑟瑟發抖。根據詹郎二氏情緒論的解釋，我們會對於這些生理上的反應做出詮釋，並得出「我們現在很害怕」的結論。

然而，許多人都提出有憑有據的論點來駁斥這個理論，而當代科學界也幾乎不再使用了。雖然如此，許多心理學家仍然認同這個理論深遠的影響力。此外，在某些情況下，這個理論可說是十分正確——像是恐懼症或是恐慌症患者所經歷的狀況。如果某人經歷一些特定的生理反應（例如：在公共場合突然想吐），就會導致某些情緒反應出現（例如：感到焦慮），接著這兩種反應之間就會形成連結。因此，這個人可能就會想要避免讓自己身處於任何會導致這種情緒的場合。

事件發生 → 激發生理反應 → 進行詮釋 → 情緒產生

詹郎二氏情緒論

❖ 坎巴二氏情緒論

「坎巴二氏情緒論」是由沃爾特・坎農和菲利普・巴德於一九三〇年代提出，其用意是想要反駁前面所述的詹郎二氏情緒論，而這個理論的中心概念即生理反應和情緒是同時出現的。根據坎巴二氏的說法，我們接收到一特定刺激物時，視丘（人腦中負責處理運動控制、清醒與睡眠狀態及感覺訊號的區域）會向大腦傳送訊息，此時就會產生情緒，而訊息的傳送所造成的結果就是生理上的反應。

把以上過程拆解成更細的步驟即為：事件發生＞激發生理反應／情緒產生。

一開始，我們的感覺器官會接收到與情緒相關的刺激物，接著這個刺激物會被送到大腦皮質，以決定我們接下來如何做出反應，並進一步刺激視丘。換言之，我們會在接受刺激物後先進行詮釋。接著，就會同時產生兩種不同的反應——情緒反應和生理反應。

以這個理論來重新檢視前面美洲獅的例子。根據坎巴二氏的理論，當你走在路上突然看到一隻美洲獅時，你會同時經歷發抖及心跳加速等生理反應，以及恐懼的情緒反應。

❖ 斯辛二氏情緒論

一九六二年，史丹利・斯坎特和傑羅姆・辛格提出了認知取向的「斯辛二氏情緒

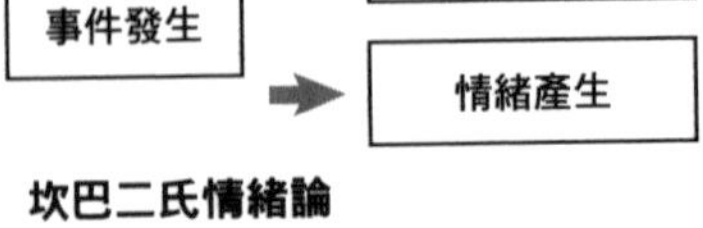

坎巴二氏情緒論

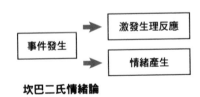

論」，又被稱為「情緒二因論」。根據這個理論，外在事件會先導致生理反應出現；接著，我們要先為這樣的反應找出原因，才能將其歸類並決定情緒類別。

舉例來說，在深夜的街道上，有名女子走著走著突然聽見背後有腳步聲，這時她可能會開始發抖，並且開始心跳加速。她發現自己出現這些生理反應後，就會意識到自己正孤身一人走在街上，因而判斷自己身處險境，進而產生恐懼的情緒反應。

❖拉薩魯斯情緒論

理查・拉薩魯斯在一九九〇年代也提出了情緒理論，認為在生理及情緒反應出現前，必先有想法產生。換言之，情緒要等到我們考慮完自己身處的情境後才會產生。

再拿前面深夜街道的例子來說明，女子走一走突然聽見腳步聲時，會先產生「我現在有危險」的想法，而這個想法會讓她的心跳逐漸加速、身體開始顫抖，並產生恐懼的情緒。

拉薩魯斯情緒論和坎巴二氏理論相同的地方在於，兩者都認為情緒和生理反應會同時產生。

斯辛二氏情緒論

拉薩魯斯情緒論

❖臉部回饋理論

「臉部回饋理論」最早可以追溯到威廉・詹姆士所提出的想法，爾後於一九六二年由西爾萬・湯姆金斯進一步延伸而成。

這個理論的概念即情緒其實是我們感受自己的面部表情而產生的。也就是說，若沒有面部表情，我們就只是單純用理性來思考而已。因此，當我們微笑的時候，就會感受到「快樂」的情緒；當我們皺著眉，就會感受到「悲傷」的情緒，以此類推。換句話說，先有臉部肌肉的變化，才會促使大腦找出背後可能的情緒基礎，而不是先有情緒才有臉部表情。

回到方才夜晚街道上的女子一例。

當女子聽到背後有腳步聲時，她的眼睛會睜大，並咬緊上下排牙齒。接著，她的大腦就會把這些面部肌肉的變化解釋為恐懼的情緒表徵，並告訴她：「妳正在害怕。」

臉部回饋理論

Column

卡尼・蘭迪斯的臉部表情研究

一九二四年，一名就讀於明尼蘇達大學的心理學研究生設計了一項實驗，目的是要釐清臉部表情和情緒之間的關聯性。這名研究生名叫卡尼・蘭迪斯，他很想知道當人們被激起特定情緒反應時，是否都會呈現出相同的臉部表情。舉例來說，某人表現「噁心」這個情緒的表情是否和其他人一樣？

蘭迪斯實驗中的受試者大多是和他一同就讀的研究生。在這些受試者抵達實驗室後，蘭迪斯就開始把他們的臉一一畫上許多黑色線條，這樣一來就能輕易追蹤任何臉部肌肉的移動。實驗過程中，每位受試者都會接觸到許多不同的刺激物，這些刺激物是蘭迪斯事先選好的，目的是要激起他們強烈的情緒反應。每當受試者對刺激物做出反應時，蘭迪斯就會拍下他們臉部表情的照片。在接觸刺激物的過程中，蘭迪斯會讓受試者聞氨水的味道、觀看色情雜誌，以及把手伸到裝滿青蛙的桶子裡等等。然而，這些還不是這個實驗中最嚇人的部分。

實驗的最終階段，蘭迪斯先是給受試者看一隻活生生的老鼠，然後要求他們切除其頭部。雖然每位受試者在聽到這個要求時都十分厭惡，但⅔的受試者還是照做了。至於剩下的⅓，蘭迪斯則代替他們動手。

雖然最後蘭迪斯的實驗並沒有找到受試者的臉部表情之間有什麼共通性，也沒看出表情與情緒有什麼樣的關聯性，但這項實驗可說是預示了40年後史丹利・米爾格蘭的服從實驗中所得到的結果。然而，蘭迪斯本人太過專注在臉部表情的部分，而忽略了其實受試者的順從現象才是這個實驗最有趣的地方。

性格

❖是什麼造就了我們？

當心理學家談到性格時，通常是指每個人獨特的想法、行為以及情緒（又稱為「心智系統」）。每個人都有自己獨特的性格，且一生中通常不會有太大幅度的變動。

雖然針對性格的組成成分仍眾說紛紜，但大多數學者都認可性格具有以下幾項重要特質：

- 整體來說，我們的行為具有明顯的規律性和一致性。也就是說，我們在不同的情境下通常會有相同或相似的行為模式。
- 我們的性格會影響我們的行為模式，以及對於環境的反應。同時，性格也會使我們以特定的方式來行動。
- 雖然性格是心理層面的概念，但其實生理狀態也會深深影響的我們性格。
- 性格並非只侷限在行為層次，我們也可以從一個人與他人的互動模式、人際關係、思考和情緒等面向看出其性格。

❖特質理論

有許多理論和學派都試圖釐清性格的發展歷程，而其中一些理論我們已經在前面的章節中進行過深入介紹了，包含著重在自由意志和個人經驗的人本主義論述（例如：馬斯洛的需求層次論）、注重早期經驗和潛意識的精神分析論述（例如：佛洛伊德的理論）、認為我們的性格是在與環境的互動中發展出的行為學派論述（例如：古典制約和操作制約）。

除了以上理論之外，心理學家也提出了所謂的「特質理論」，其重要的地方在於此理論強調人與人之間的差異性。

特質理論認為每個人的性格都是獨一無二的，且這些性格是由不同的特性所組合而成，而正是這些特性造就了我們特殊的行為模式。這些特性就是心理學家所謂的「特質」。因此，我們可以說特質理論主要就是在探索並測量每個人身上的人格特質。

在心理學的發展史上，曾經有許多學者提出不同的特質理論，以下列舉幾個最為重要的：

◉奧爾波特的人格特質理論

一九三六年，首位在美國教授性格心理學的哈佛心理學家——高爾頓・奧爾波特發展出了他的人格特質理論。首先，奧爾波特翻遍了整本字典，並在其中找出所有描述人格特質的詞彙。

找到4500個字詞後，他把這些特質歸納成3個類別：

①首要特質：控制並定義我們性格全貌的特質。這些特質往往可以用來形容整個人給人的感受，且數量非常稀少。包含「基督似的」、「自戀的」以及「馬基維利主義的」。

②中心特質：這類特質十分常見，包含「友善的」、「親切的」以及「誠實的」等等。

③次級特質：這類特質只在特定情境下才會展現出來。舉例來說，某人可能只有在發表公開演說前才會展現出「緊張的」特質。

◉卡特爾的16種人格因素

根據奧爾波特的理論，心理學家瑞蒙・卡特爾進一步將其多達4500餘字的特質清單縮減到僅剩下171個。卡特爾的做法是將相似的特質互相結合，並移除不常見的特質。接著，他用這171個特質發展出一套問卷，並找來大量樣本進行施測。

施測結果出來後，卡特爾先是找出在統計上有高度相關的特質，再使用名叫「因素分析」的統計方法，將特質數量進一步縮減。最後，他找出6個人格特質，並得出以下結論：這16個特質就是世界上所有性格的來源，且我們每個人都具有這16種特質，只是在程度上有所不同而已。

以下列出卡特爾所找到的這16種特質：

- **幻想性：**想像力豐富且喜歡抽象思考，其相反為腳踏實地。
- **憂慮性：**時常擔憂且缺乏安全感，其相反為充滿自信且具有安全感。

・**恃強性：**十分強勢且果斷，其相反為百依百順。
・**穩定性：**冷靜沉著，其相反為情緒不穩定和容易緊張。
・**興奮性：**熱情且主動，其相反為拘謹而嚴肅。
・**實驗性：**靈活且開放，其相反為傳統且依戀熟悉的事物。
・**自律性：**高自律且控制慾強，其相反為缺乏自律而處事彈性。
・**世故性：**謹慎且精明，其相反為坦率而不做作。
・**聰慧性：**習慣抽象思考且較為聰明，其相反為習慣具體思考且較不聰明。
・**有恆性：**盡責且遵守規則，其相反為不守規則和叛逆。
・**獨立性：**自己自足且偏向個人主義，其相反為依賴他人。
・**敏感性：**多愁善感且心軟，其相反為冷漠且剛毅。
・**敢為性：**無拘無束且大膽，其相反為害羞和膽小。
・**緊張性：**容易不耐煩和沮喪，其相反為放鬆與平和。
・**懷疑性：**容易起疑，其相反為容易信任和接受。
・**樂群性：**外向且體貼他人，其相反為疏遠和沉默寡言。

◉艾森克的3種人格因素

一九四七年，心理學家漢斯・艾森克在沒有參考其他特質理論的情況下，建立了自己的性格模型，並於一九七〇年代進行一次修改。這個模型的中心概念即世界上所有人都擁有3種人格特質：

①內向性－外向性：內向性是指某人較關注自己的內在經驗，展現出較安靜與沉默寡言的性格；外向性則是指某人較關注他人和外在環境，展現出較活潑且善社交的性格。

②神經質－情緒穩定性：根據艾森克的說法，神經質會讓一個人容易多愁善感或心煩意亂；而情緒穩定性則會讓一個人的情緒保持穩定不變。

③心理病態性：心理病態性高的人通常比較冷淡、不友善甚至有些反社會，且喜歡操縱和利用他人。此外，這種類型的人通常不太擅長面對現實。

◉大五人格特質

當代性格學者大多認為，卡特爾理論中的特質數量太多、艾森克的特質數量又太少。因此，大部分學者都比較喜歡所謂的「大五人格特質理論」。

這個理論模型相信，人的性格是由5種特質之間的交互作用所形成，而這5種特質分別如下：

①外向性：指一個人擅長社交的程度。

②親和性：指一個人友善、富有情感、容易信任他人，以及容易從事正向社交行為的程度。

③盡責性：指一個人有細心、有條理、有能力控制自己衝動的程度。

④神經質：指一個人情緒穩定的程度。

⑤經驗開放性：指一個人有想像力、有創造力和興趣多樣的程度。

雖然針對性格的理論為數眾多，但這些各式各樣的理論都指向同一件事：性格是一個極其重要的主題——其通常在一生中不會有太大幅度的變動，且負責形塑我們各自獨特的思考、行為和感覺模式。

領導理論

❖好的領導者應該有哪些特質？

二十世紀初期，經濟大蕭條加上二戰爆發，使得人們開始思考：「怎樣才算是一個好的領導者？」因此，心理學界對於領導相關理論燃起了濃厚的興趣。早期的領導理論大多專注於探討領導者和追隨者分別具有何種特質，而晚期的理論則較關注能力的高低以及外在情境的因素。

雖然這些理論為數眾多，但大多都可以被歸在8個類別之中。

◉偉人理論

主要概念為領導能力是與生俱來的，有些人生來就適合擔任領袖。這個理論最早由歷史學家湯瑪斯・卡萊爾提出。十九世紀，也就是這類型理論最盛行時，有些人認為聖雄甘地、亞伯拉罕・林肯、亞歷山大大帝和凱撒大帝等人的出現，就足以證明偉人理論的說法——這些偉大的領導人物就好像憑空出現在歷史上一樣。

◉權變理論

主要概念為領導能力會受到情境因素的影響。這些因素包含但不限於當時人們偏好的領導風格、追隨者的行為和能力等。這類型的理論認為沒有一種領導風格是一體適用的，只是某些風格可能在特定情境下比較有效罷了。因此，在某個環境中如魚得水的領導者，可能會在換了一個環境後變得綁手綁腳。

◉特質理論

主要概念跟偉人理論類似，認為有些人生來就具有適合擔任領導者的特質。因此，特質理論嘗試找出這些領導者所共有的關鍵人格和行為特質，並進行比較。然而，用這類型理論解釋領導相關現象時，常會遇到一個難以解決的問題——為何具有相似特質的人，卻在領導關係中扮演截然不同的角色呢？舉例來說，同樣具有某些特質的人，有可能變成偉大的領袖，也可能終其一生都只是追隨者，甚至變成失敗的領導者。

◉情境理論

主要概念為好的領導者會考量情境因素而採取最合適的行為。也就是說，領導者不應執著於單一領導風格，而應將所有情境因素都納入考慮，包含追隨者的能力及領導者的動機等。在這些情境因素中，最終會影響領導者決策的通常有二：領導者對自己的追隨者和情境的感知，以及領導者的情緒狀態及對自身的感知。

◉參與理論

主要概念為好的領袖也會將他人的付出納入考慮。這類型領導者會鼓勵追隨者參與和貢獻，這樣一來，追隨者不僅會對決策過程更有參與感，也會意識到整個過程都和自己息息相關，而更願意投注心力和時間。要注意的是，雖然根據這類型理論，追隨者有參與的權利，但這個權利仍然是由領導者所賦予的。

◉行為理論

主要概念與偉人理論、特質理論剛好形成對比——這類型理論相信，領導者並非生而如此，而是後天造就的。此外，行為理論認為領導能力並非源於心理層面的特質，而是可以透過觀察和教導來習得。換句話說，根據行為理論的說法，領導能力是一種可以後天習得的行為。

◉轉換型理論

又稱「關係理論」，主要關注領導者和追隨者之間的關係。根據這類型理論，一個好的領袖應透過鼓舞和激勵追隨者，讓他們充分瞭解任務的重要性和可能帶來的益處。這類型理論不只專注在整個團體表現上，同時會確保團體中的每個人都充分發揮出自己的潛能。因此，轉換型領導者通常具有崇高的道德和倫理標準。

◉交易型理論

又稱「管理理論」，主要強調管理者、團體表現以及組織所扮演的角色。這類型理論認為，好的領導應該奠基於賞罰分明的系統之上，且領導者應該清楚瞭解追隨者有什麼期待。我們通常會在職場上看到交易型理論的展現：員工的業績不錯時就會得到獎賞，而業績太差時則會遭到懲罰或訓斥。

所以，究竟要怎樣才能成為一名好的領袖呢？是打從出生就決定了嗎？還是要視當下的情況而定？聽從追隨者的建議會比較好嗎？還是可以透過學習來增進領導能力呢？是要讓追隨者知道如何發揮自己的潛能，還是要打造出一個賞罰分明的系統呢？只要瞭解這些領導理論的內涵，以及人們對於不同領導風格的反應，就可以將它們實際應用在現實生活中。然而，到底怎樣才能成為出色的領導者呢？如果要說得簡單一點的話，那就是：條條大路通羅馬。

夢境

❖關上燈後會發生什麼事？

心理學界中，所謂的「夢境」是指我們睡覺時體驗到的想法、畫面或是情緒。至今心理學家對夢境的成因和確切意義都未有定論，就連科學家都不清楚睡眠的原因或目的到底是什麼。

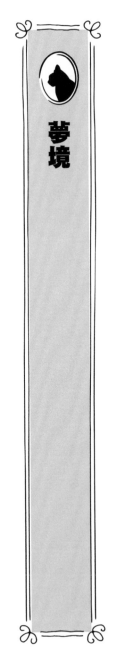

不過，心理學界針對夢境的理論倒是不少，以下就列舉幾項。

◉佛洛伊德的精神分析夢境理論

西格蒙德・佛洛伊德認為，我們的夢境內容其實和實現願望有關，同時代表著埋藏在潛意識中的想法、動機和渴望。此外，佛洛伊德相信，受到意識壓抑的性衝動也會出現在夢境中。

在《The Interpretation of Dreams》一書中，他將夢境拆分成2個元素：

①顯性內容：夢中實際出現的想法、內容和畫面。

②潛性內容：夢中受到隱藏的心理意涵。

為了深入探討夢境背後的意義，佛洛伊德將夢境分成5個部分：

- **置換作用**：對於某人事物的渴望，在夢中以另外一種形式出現。
- **投射作用**：對於某人事物的渴望，被投射成夢中另一人的渴望。
- **象徵作用**：對於某人事物的渴望，因受壓抑而在夢中以象徵的形式得到實踐。
- **凝縮作用**：夢中大量資訊會被壓縮成單一畫面或想法，因此難以解讀其原意。
- **潤飾作用**：把相互不連貫的元素重新組合成完整夢境，是形成夢的最後一步。

雖然後來的研究已經推翻「夢的顯性內容是由潛性內容偽裝而成的想法」此一觀點，但西格蒙德・佛洛伊德的理論的確激起許多人對於夢境詮釋的興趣。

◉卡爾・榮格的夢境理論

針對夢境這個主題，榮格大致上認同佛洛伊德的想法。但榮格也認為，夢境並不僅是受壓抑慾望的展現而已，夢境還可以彌補我們在清醒狀態下未能充分發展的心理層面。此外，他相信夢可以同時展現我們的集體和個人潛意識，且其中會出現代表我們潛意識想法的原型。

◉活化整合夢境模型

一九七七年，羅伯特・麥卡利和艾倫・霍布森一同發展出「活化整合模型」，其主要概念為夢境是由腦中的生理歷程所產生出來的。

根據這個模型，在睡眠循環的最終階段，也就是所謂的「快速動眼期」，我們腦幹中的迴路會活化，並進一步活化我們腦中的邊緣系統，而這些受到活化的部分和我們的記憶、感覺以及情緒都有密切關聯。因此，我們的腦袋會試圖為這些內部的生理活動尋求意義，而這就是夢境的來源。

活化整合模型一提出就引起廣大爭議，尤其是遭到佛洛伊德派學者的強烈反對。在許多心理學家都試圖找到夢境隱藏意涵的當時，活化整合模型卻認為夢境僅僅是人腦在處理腦部活動時的產物罷了。

然而，霍布森並不認為夢境完全沒有意義。相反地，他相信夢是我們「最富有創意的意識狀態」——因為在夢中，無論是天馬行空還是腳踏實地的想法，都會不斷地生成。

◉霍爾的夢境理論

心理學家卡爾文・霍爾認為，對夢境做出詮釋的目的並不是要理解夢本身，而是要理解做夢的「人」。

霍爾認為，若要正確解讀夢境，我們必須能夠回答以下這些問題：

- 我們在夢中所做出的行為為何？
- 有哪些人物或物件出現在夢中？
- 我們與夢中其他角色進行了哪些互動？
- 夢中的場景為何？
- 夢中有出現任何的轉變嗎？
- 夢的結局是什麼？

◉多姆霍夫的夢境理論

在霍爾門下學習的威廉・多姆霍夫認為，夢其實是反映我們清醒時的想法和擔憂。根據他的理論，夢境是神經運作歷程的產物。

❖常見的夢境主題

以下是我們做夢時最常遇到的10個主題，以及這些主題可能具有的意義（若用佛洛伊德理論來詮釋的話）。

①在完全沒有準備的情況下考試

這邊的考試不見得指的是學校考試，而通常是與我們切身相關的「考試」。舉例來說，如果你的職業是演員，則可能會夢到你沒有背台詞就去試鏡，或是看不懂劇本上面在寫些什麼。這種類型的夢和赤裸的感覺有關，而夢中的考試可能代表著我們被他人評價或評斷的過程。

②在公眾場合裸露或身著不合宜的服裝

這種類型的夢和羞恥及脆弱的感受有關。

③被追趕或是遭受攻擊

比起大人，小孩更常會有這類夢境出現。因為小孩的夢境通常比較容易跟身體上的恐懼有關，而不像大人的夢通常跟社交上的恐懼相關。除此之外，小孩因為體型較小，比較容易覺得自己的身體是會受傷害的。如果大人夢到這類型夢境，可能代表正身處於壓力之中。

④從高處墜落

墜落相關的夢可能表示對於目前的狀況感到不知所措，以及對目前的狀況失去了掌控權。

⑤在通勤或旅行途中迷路

這類夢境通常象徵著迷失的感受，或代表你正在嘗試得到某樣東西或找到自己的道路，卻不知從何著手。

⑥掉了一顆牙

這類夢境可能表示你在私下關係中覺得自己沒有得到對方傾聽或理解，也可能象徵著帶有侵略性的感受。

⑦遭逢天災

這類夢境可能表示你對於私人問題感到不知所措，並且覺得這些問題已經超出你的控制範圍之外了。

⑧在空中飛行

這類型的夢境可能象徵著逃脫的渴望，或是希望能夠擺脫特定情境。

⑨受傷或死亡

這類型夢境可能代表你日常生活中的某個事物已經失去過往榮景，或正在逐漸消逝，例如：一段關係或是一項個人特質等等。因此，有這樣的夢不見得表示你正在思考死亡相關的問題。

⑩無法控制自己的車子

這類型的夢境可能源自於壓力、恐懼，或是無法掌控自己生活的感受。

雖然到目前為止，心理學家對於夢境的理解仍然不夠全面，但他們所提出的詮釋方式仍在當代心理學中扮演著重要的角色。從相信「夢與我們的潛意識和受壓抑的慾望有關」的佛洛伊德，一路到認為「夢只是我們神經運作歷程產物」的多姆霍夫，我們可以發現一件事——從古到今，理解夢背後的機制、夢中的各式細節以及可能的意涵，一直是心理學中重要的子題。

藝術治療

❖逐漸康復的藝術

藝術是一個可以讓我們盡情表達自己的平台，不僅能促進溝通、舒緩壓力，還能幫助我們挖掘和理解自己性格中各個不同的部分。

心理學領域中，藝術可以用來增進心理健康，甚至治療心理疾病，也就是所謂的「藝術治療」。其融合了藝術創作過程及心理治療技巧，藉此幫助我們解決問題、降低生活中的壓力、協助調控行為、增進社交技巧，以及增進自制力和自我意識。

一九四〇年代，精神科醫生開始對病患的繪畫產生興趣。與此同時，教育工作者也發現，他們可以從藝術創作中一窺孩子在發展、認知及情緒方面的成長。自此之後，藝術治療逐漸成為心理治療法中的一支。

❖什麼時候該使用藝術治療？

根據過去經驗，有些特定群體的人通常對藝術治療反應良好，這些群體包含：

- 受高度壓力所苦的成人
- 受學習障礙所苦的孩童
- 經歷創傷經驗的人
- 有心理健康問題的人
- 受腦傷所苦的人
- 在學校受到社交和行為問題所苦的孩童
- 任何受憂鬱、焦慮或家暴所苦的人

藝術治療並非一種休閒活動，也不是藝術教學。換言之，我們不具備藝術創作經驗，也能參與這類型的治療。最重要的是，在藝術治療中，治療師並不會對病患的作品進行詮釋。

藝術治療的核心概念，是教病患如何透過自身的藝術創作來療癒自己。

❖藝術治療的運作方式

藝術治療中常用的創作形式包含繪畫、素描、拼貼和雕塑等。在進入到讓病患覺得是安全的空間後，藝術治療師有可能提供一個主題讓病患進行創作，或是讓病患自由發揮。

接著，病患就會開始創作與自己的生命經驗或特定事件有關的藝術作品。過程中，病患得以更深入思考自己的經驗，並將所思所想轉化為藝術作品中的象徵及隱喻。病患用自己的方式定義這些圖像的過程，對其恢復和自我發現來說都十分重要——畢竟病患本人是唯一一個瞭解且能夠解釋這些象徵背後意涵的人。

透過把內在經驗轉化為外在實體物件，病患得以與這些經驗保持一定距離，讓病患在談論自己的作品時感到比較安全。通常，病患難以直接談論自己的問題所在，而透過藝術治療就可以避免這樣的問題，讓病患間接和治療師談論自己的藝術作品。因此，隨著時間過去，這樣的過程就可以逐漸增進病患的自我認識、自我接納和自我意識。

除了繪畫外，也有其他形式的藝術治療，如：音樂、舞蹈、寫作、戲劇等等（稱「創意藝術治療」），甚至也有表演藝術相關的治療法（稱「表達藝術治療」）。

藝術治療真正厲害的地方在於，治療過程中由病患擔任主動的一方。病患可以透過藝術和象徵手法來表達自己的想法，用自己的方式達成療癒和增進自我意識的效果。

❖藝術治療的其他益處

除了增加自我意識和自我接納之外，病患也可以在藝術治療中得到一些額外好處。這些好處包含：

- 迫使病患在過程中積極參與，降低無聊、疏離和漠不關心的感受。
- 鼓勵病患做出決策。

・培養病患的創造力，使他們在遇到困境時可以找到不同的因應方式。
・促進病患的「淨化作用」（指清除負面情緒的過程）。
・提供病患學習人際及社交技巧的機會。

催眠

❖不只是障眼法

心理學領域中，催眠是治療時所使用的一種技法，指讓病患進入一種深層的放鬆狀態，進而使他們全神貫注於自己的心靈。在接受催眠期間，病患的想法、感受和行為之間的關聯性會變得更明確。

雖然催眠在大眾媒體中的形象通常比較負面，但其實臨床上已有證據顯示，催眠不僅對心理層面有益，甚至還會帶來生理層面的好處。催眠對於紓解壓力及疼痛特別有效，有些人甚至認為催眠可以用來減緩失智症的症狀。

大多數情況下，催眠都是扮演整個療程中的輔助角色，而非療程的主角。

❖催眠的運作方式

催眠主要是透過改變及重塑潛意識心靈的方式，提供病患治療與照護。

進入催眠狀態後，病患的意識心靈會受到壓抑，同時潛意識心靈則被喚醒。許多心理學家都認為，如果想要改變病患的生活，不僅要改變他們的意識心靈，同時也要改變他們的潛意識心靈。而潛意識心靈在催眠時比較容易展現，所以可以藉由催眠來探索平時受到隱藏的想法、感受與記憶。舉例來說，如果想要戒菸，我們可能會在意識層面中無所不用其極地阻止自己抽菸，但在潛意識層面中可能仍然隱藏著抽菸慾望，使得戒菸過程一再失敗。因此，唯有在我們充分理解、改變並重塑自己的潛意識心靈後，戒菸才有可能成功。

催眠狀態下的病患並非陷入深層睡眠，也無法受他人所迫而進行違反自己意志或平常不會做的事。同時，催眠中的病患也不必對治療師唯命是從。相反地，催眠狀態中，病患無時無刻都對周遭環境保持高度意識。

催眠治療有以下2種方式：

①病患分析

利用催眠，找出症狀或疾病背後的起因，例如：過去的創傷事件等。

這些病因平常都隱藏在潛意識心靈中，一旦被治療師揭露出來，就可以進一步在治療過程中進行處理。

②暗示療法

催眠狀態的病患比較容易接受暗示，因此可以在這時改變病患的某些行為，例如：抽菸或是咬指甲等等。

這樣的技巧也可以用來改變病患的感覺和知覺，因此常被用來處理疼痛的感受。

❖催眠可以用來治療哪些疾病？

催眠可以幫助我們解決平時難以處理的問題，因此可以協助治療許多心理、情緒以及身體上的症狀。

比較常用催眠改善的疾患和症狀包括：恐懼症、壓力和焦慮、恐慌發作、哀傷、飲食疾患、睡眠疾患、憂鬱症、成癮、減重、戒菸、注意力缺陷過動症、分娩期間的疼痛、性功能疾患、患有化療中癌症病患的噁心和嘔吐狀況、腸躁症症狀等等。

阿爾伯特・艾利斯

（一九一三～二〇〇七年）

理性情緒行為療法

❖新型態心理治療法的創始人

一九一三年九月二十七日，阿爾伯特・艾利斯出生於賓夕法尼亞州的匹茲堡。根據艾利斯的說法，他和父母親之間的關係十分疏離，且他的母親長年受雙相情感性疾患所苦。因此，艾利斯從小就要負起養育和照顧弟弟妹妹的責任。

一九三四年，艾利斯從紐約市立大學畢業後，因為當時逐漸對心理學萌生興趣，便開始寫作與性有關的文章。在這之後，艾利斯進入哥倫比亞大學，並在此拿到臨床心理學碩士（一九四三年）與博士（一九四七年）學位。一開始，艾利斯可說是佛洛伊德心理分析理論的忠實擁護者；然而，在看了卡倫・荷妮、阿爾弗雷德・阿德勒以及埃里希・佛洛姆的著作後，艾利斯受到影響甚深，開始質疑佛洛伊德的理論，最終決定與其分道揚鑣。

因此，艾利斯並未跟從佛洛伊德的理論架構，而是自創了新的心理治療法。今日，這個被艾利斯稱為「理性治療法」（後更名為「理性情緒行為療法（簡稱REBT）」）的治療方式，通常被視為認知行為治療的開端。一九五九年，艾利斯更是創立了「理性生活學會」。

艾利斯在一九六〇年代的性解放運動中十分活躍，同時也是個時常發表公開言論的無神論者。然而，在他與許多虔誠的治療師一同實行REBT的過程中，他逐漸意識到信仰更高存在對於人的心理層面有所助益。因此，雖然他始終維持無神論立場，但他對外發表相關言論的頻率逐漸下降，並得出以下結論：擁有選擇信仰的自由，可以為人的心理帶來最多益處。

艾利斯早期的理論可說是備受批評，但中晚年的他卻得到高度讚譽。其原因在於，

心理學用語

認知行為治療：這類型心理治療中，病患和治療師並不會進行太多次晤談，且每次晤談都有清楚的結構。如此一來，病患得以在治療過程中開始理解自己的想法和感受對行為的影響。

當時認知行為治療作為一種有效治療法，逐漸受到大眾認可。時至今日，阿爾伯特・艾利斯已被視為心理學界中最重要的人物之一。二〇〇七年七月二十四日，阿爾伯特・艾利斯與世長辭，享年93歲。

❖ABC模型

理性情緒行為療法的理論架構中，艾利斯認為日常中發生的事件（Activating Event）會促使我們觀察與詮釋，而這些詮釋則會進一步轉變為我們對於該事件的信念（Belief），這些信念同時包括我們在該事件中所扮演的角色。信念形成後，就會使我們產生對應的情緒感受（Emotional Consequence），故稱ABC模型。

以實際例子舉例如下：

- **A（激發事件）**：你的上司指控你偷了他的東西，並威脅說要炒你魷魚。
- **B（信念）**：你心中出現以下反應：「他怎麼敢這樣對我？他明明無憑無據！」
- **C（結果）**：你陷入憤怒的情緒當中。

艾利斯的ABC模型所想要傳達的是，真正導致步驟C發生的是步驟B，而不是由

ABC模型關係圖

步驟A直接導致步驟C的發生。換言之，你生氣並不是因為上司的錯誤指控與威脅，而是因為有步驟B的信念產生。

❖3個不理信念

艾利斯認為，雖然表現出來的形式可能天差地遠，但每個人都會有3個不理性的信念。這3個信念都會告訴我們「必須」做什麼，而這些原則分別跟我們自身、周遭的他人以及整個世界有關。因此，這3個信念又稱為3個基本必須。

①我們「必須」透過好表現來贏得他人的認可，否則我們將一無是處。

②他人「必須」以親切、公正和體貼的方式對待我們，並且要根據我們希望的方式來對待我們。如果他們沒有這麼做，那就是他們的不對，且這樣的人應該受到懲罰或譴責。

③當我們想要某個事物時，就「必須」得到；如果我們不想要某個事物，我們就不應該得到。如果事情不如我們的意，那這個世界就是糟糕透頂且難以忍受的。

第1個信念通常會引發焦慮、憂鬱、罪惡和難堪等情緒；而第2個信念則常會導致憤怒、暴力和消極抵抗等情緒；第3種信念常會讓我們產生拖延行為，以及自我憐憫等情緒。

當這些信念不斷告訴我們有哪些事「必須」發生時，就可能導致各種問題和精神官能症產生；反過來說，較有彈性且不會告訴我們「必須」做哪些事的信念，則可以引發較健全的行為和情緒。

艾利斯的理性情緒行為療法背後的主要概念是，治療師必須協助病患把不理性信念轉化為理性信念。如何達成這個目標呢？答案就是讓治療師和病患針對這些不理性信念進行「辯論」。舉例來說，治療師可能會這樣問病患：「你為什麼會覺得其他人一定要親切地對待你？」病患在嘗試回答的過程中，就會逐漸意識到這些信念的背後其實並沒有合乎理性的原因在支撐著。

◉3項洞見

此外，艾利斯認為每個人都有非理性思考的傾向，但我們可以運用以下這3項洞見來減少其發生的頻率、時長和強度：

①我們不會平白無故就心情不好，會這樣的原因是我們的信念不夠有彈性。

②無論一開始心情不好的原因為何，這樣的情緒會持續存在的原因是我們太過執著於這些不理性信念，而不願意放手。

③若想要改善這樣的情況，唯一的方式就是努力改變這些不理性信念。要達到這樣的目標，則需要投注大量的練習。

◉接受現實

若想要在情感上維持健康狀態，我們就必須擁抱現實——即使現實並不總是那麼討人喜歡。在理性情緒行為療法中，治療師會協助病患以3種不同方式來接受現實。

①無條件地接納自我：我們必須接受自己是會犯錯的，並學會接受每個人都有缺點。如此，我們並不會因為有某些缺點而比較沒價值。

②無條件地接納他人：我們必須接受有時不會受到他人的公平對待，而他人也沒有義務公平地對待我們。如此，待我們不公的人並不會因此而比較沒價值。

③無條件地接納生命：我們必須接受生命並不總會如我們所願，而生命本來就沒有理由遵照我們的意志。雖然有時生命似乎不是那麼討喜，但它並非全然只有糟糕的一面，因此並不是完全無法忍受的。

在當代心理治療法中，阿爾伯特・艾利斯的理性情緒行為療法可說是最受歡迎的方法之一，並成功為接下來陸續萌芽的認知行為治療法鋪好了一條康莊大道。

認知行為治療

❖開始意識到自己的負面行為

認知行為治療通常用來治療憂鬱症、恐懼症、焦慮性疾患和物質成癮等心理疾患，是一種致力於改善病患負面行為的心理治療法，而其背後的途徑為改變病患腦中那些具有影響力的想法跟感受。其中的主要概念為：我們的想法和感受會影響並增強我們的行為。

舉例來說，根據認知行為治療的想法，如果我們腦中常常想像車禍的畫面，那這樣的想法就會影響我們的行為，比如讓我們不敢坐車或開車等等；而如果我們對於自己的形象和能力常常有一些負面想法，可能就會導致我們自尊心下降，因而盡可能避開任何社交場合，或因此錯過一些寶貴機會。反過來說，如果可以改變我們的思考模式，我們的行為就會跟著改變。

認知行為治療通常專注於解決病患的特定難處，因此持續時間大多很短。在治療過程中，病患會逐漸學會一件事——或許我們並不能改變外在世界中發生的事，或自己在外在世界所做出的行為，但我們的確有能力掌控自己內在環境中思考和解讀事情的方式。

❖認知行為治療的不同階段

認知行為治療的過程可以分為2個階段。

第1階段稱為「功能性分析」。治療師會協助病患找出信念中有問題的地方，並藉此抓出到底是哪些情境、感受跟想法導致病患出現適應不良的行為模式。雖然病患可能覺得這個過程十分困難，但從中得到的洞見和自我發現，對於後續的治療來說十分關鍵。

第2階段的治療會著眼於特定行為。在這個階段，病患要做的是學習一些新技能，並不斷重複練習，好讓他們應用在真實世界中。這個過程通常是漸進式的，讓病患逐漸向自己的最終目標前進。每當治療師告訴病患下一步驟為何時，最終目標就會慢慢變得沒那麼嚇人，並讓他們覺得有機會可以達成。

❖多重模式治療

除了前面章節所提到的理性情緒行為療法之外，還有一種十分常見的認知行為治療法，那就是由阿諾德・拉扎拉斯所發展出的「多重模式治療」。

這個療法不只專注於病患性格中的特定元素，而是將其中的所有特質都納入

心理學用語

銜接：治療師必須先理解病患偏好的模組，才能繼續探索其他可能更好改善病患情況的模組。

追蹤：理解、評估並優先處理病患使用模組的先後順序。我們通常會以特定流程來回應周遭的情境，尤其是當下的情境與過去所遇過的情境有些相似時。因此，如果想要充分發揮療程的效用，就得先瞭解病患習慣使用的回應流程。

治療範圍。

多重模式治療背後的假設是，我們所有人都是一種生物體，具有經歷不同「模組」的能力。這些模組包含情感、想像、思考、感覺（如：觸覺和嗅覺）、行動以及與他人建立連結。

拉扎拉斯將這些模組的開頭字母縮寫為「BASIC I.D.」：

- **B**：行為
- **A**：情感反應或情緒
- **S**：感官反應（包含視聽觸嗅味等感覺）
- **I**：想像（包含自我形象和抽象思考等）
- **C**：認知（包含信念、意見、態度，以及用文字思考等）
- **I**：人際關係或與他人溝通的方式
- **D**：藥物與生物功能（包含用藥、健康、運動、睡眠和飲食等）

多重模式治療法中所用的具體治療方式，在每個病患身上都會不太一樣。療程開始之前，治療師會透過諮詢，釐清哪些模組受到病患忽略、哪些模組則是病患會優先關注的。接著，治療師就會從最能改善病患情況的

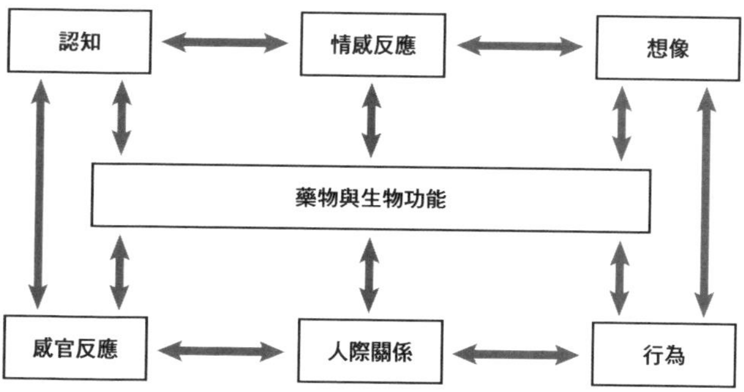

拉扎拉斯的模組概念

模組開始治療，但也會在後續針對所有模組進行處理。

多重模式治療特殊之處在於運用了「技術折衷主義」。也就是說，治療師不會被單一理論基礎綁架，而是可以活用不同的心理治療技巧和方法。

❖認知療法

「認知療法」是由心理學家亞倫・貝克於一九六〇年代所發展出來的治療方法，也是眾多認知行為治療法中十分受歡迎的一種。

認知療法背後的中心概念為：我們會不斷地將所接收到的資訊進行篩選和詮釋，但這樣的過程常會導致誤差、錯誤的信念和負面情緒產生。

目前為止，心理學家已經找出10種這類型的錯誤思考模式，並將其命名為「認知扭曲」。如果想要改變我們的行為模式，首先要改變我們的思考方式，而改變的方式就是：針對我們思考模式中的認知扭曲進行釐清，並加以調整。

以下就是這10種認知扭曲：

①以偏概全：武斷地概化單一情境，視其他所有情境都與此一情境相同。

②否定正面思考：行為時視正向事件於無物。

③非黑即白：思考太過極端，而忽略掉其中的灰色地帶。

④情緒化推理：任由情緒主導思考歷程，沒有客觀而仔細地思考情境中實際發生的事。

⑤妄下結論：在證據不足的情況下，仍斷定最糟的情況必然會發生。

⑥小事化大，大事化小：低估正向事件的重要性，並過度在意負向事件。

⑦心理過濾：忽視生活中的正向事件，僅看得到負向事件。

⑧「應該」化思考：總是專注在事情「應該」如何，而不是事情「實際」上如何。

⑨個人化：因為無法控制的事情而責怪自己。

⑩亂貼標籤：對他人和自己貼上錯誤且過於嚴苛的標籤。

以上這些認知行為治療的共通想法都是，我們要先改變負向的思考模式，才有辦法改善負向的行為。透過理性情緒行為療法、認知療法和多重模式療法等方式，病患可以逐漸釐清並努力修正自己的負向思考模式，並且習得一些必備新技能，以成功戰勝負面行為。

捷思法

❖我們如何做出決策

所謂的「捷思法」是指我們用來解決問題的心理捷徑。我們常會稱這些捷徑是所謂的「經驗法則」，協助我們做出快速有效率的決定，無需停下腳步審慎考慮下一步。雖然很多時候這些捷思都十分好用，但它們也可能造成一些錯誤。我們通常將這樣的錯誤稱為「偏誤」。一九七四年，丹尼爾・康納曼和阿摩司・特沃斯基兩人一同整理出他們所認為的3種主要捷思形式，而這些形式的名稱就這樣一路沿用到現在。

◉可得性捷思

「可得性捷思」會根據我們所記得的資訊，幫助我們判斷一事件發生的機率或可能性。這樣的思考方式並非參考完整的資料庫，而是全然仰賴我們的記憶，因此常常會導致偏誤的產生。而許多科學家認為，那些可以輕易回想出的記憶，通常都是最近的記憶。

例如，若我們在電視上看到幾則房屋法拍新聞，可能就會因此認為房屋法拍很常發生。或者，若我們能很快講出幾個即將離婚的友人名字，可能就會因此認為現在離婚率很高，而不去參考實際的離婚率統計數據。

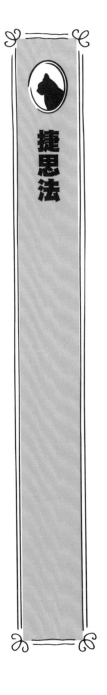

除此之外，可得性捷思也可能讓我們高估不太可能發生事件的機率。舉例來說，看到一篇講述近期飛機失事的文章後，我們可能會開始擔心自己搭乘的飛機墜毀。反過來說，可得性捷思也可能讓我們低估很可能會發生事件的機率。舉例來說，如果我們知道有些朋友性行為時沒有採取任何防護措施，卻都沒有感染性病，那我們可能就會低估在沒有防護措施的性行為中感染性病的可能性。

◉定錨與調整捷思

「定錨與調整捷思」背後的概念是，我們的決策或估計常會建立在所謂的「錨點」，也就是可供參考的基準點上。這些錨點是從我們過去的記憶而來，我們會根據目前決策的相關需求來調整錨點。舉例來說，假設有人問我們：「密西西比河是長於還是短於2千公里？」則錨點為2千公里；問我們：「密西西比河是長於還是短於5千公里？」則錨點為5千公里。根據錨點的不同，我們的回答也會不一樣。

◉代表性捷思

「代表性捷思」指的是我們常會透過思考類似的已知事件，判斷另一事件發生的可能性。這個過程中，我們常會假設兩事件發生的機率是相同的。因此，代表性捷思最大的缺陷就在於，它會讓我們假設某一面向的相似性必然會導致另一面向的相似性。

舉例來說，如果我們看到一名身著皮衣且手臂布滿刺青的男人，代表性捷思可能就會使我們做出「這個男人很可能會騎檔車」的假設。我們之所以做出這樣的假設，正是基於這個男人的外在形象很接近我們心目中檔車騎士的代表，於是將之歸類於「檔車騎士」類別中。

代表性捷思也可以用來解釋常見的錯誤概念「賭徒謬誤」。賭徒謬誤指的是我們認為可以根據現有資訊來正確預測未來的隨機事件，或是預測某玩家接下來會連贏還是連輸。然而，這些事件的發生機率其實並不會因為先前的結果而有所改變，而是一直都是一樣的。舉例來說，如果丟擲一枚硬幣數次之後，發現每次都是正面朝上，我們可能就會認為下次丟擲時必定會是反面朝上。因為我們會覺得這枚硬幣已經正面朝上太多次，卻忘記一個簡單的事實——硬幣的正反面朝上的機率每次都會各佔50%。換句話說，代表性捷思會使我們忽略掉事件發生的「基本比率」，也就是事件本身發生的頻率高低。

哈里・史塔克・沙利文（一八九二～一九四九年）

人際關係理論

❖人際精神分析

一八九二年二月二十一日，哈里・史塔克・沙利文出生於紐約州的諾威奇市。沙利文的父母是愛爾蘭移民，但他居住的城鎮中卻有濃厚的反天主教氛圍。因此在成長過程中，沙利文都有種在社群中受到孤立的感覺，而這樣的感受使他在往後催生出「社交孤立」的概念。

一九一七年，沙利文在芝加哥內科與外科學院拿到醫學學位。他最為人所知的貢獻，包含人際關係及精神疾患患者孤獨感研究、思覺失調症患者研究，以及對佛洛伊德學說進行的修正。沙利文篤信佛洛伊德提出的許多基本原則，但後來他對於精神分析的切入點開始與佛洛伊德漸行漸遠（尤其是與性心理發展階段論）。

一九二五到一九二九年這段時間，沙利文花了許多時間嘗試在不使用藥物的情況下治療思覺失調症患者，並獲得空前的成功。他認為，思覺失調症並非無法治癒，並相信其背後的病因大多與文化因素有關。值得一提的是，許多人都相信沙利文本人是終身皆未出櫃的男同性戀，而恰好這段期間參與沙利文研究的男性病患也都是同性戀者。據說後來研究中的其中一名患者成為了沙利文的愛人，並搬進沙利文家中同住（雖然沙利文對外聲稱他是自己的養子）。

一九三三年和一九三六年，沙利文先後協助創立了威廉・阿蘭森・懷特研究所和華盛頓精神醫學學院。二戰結束後，他更是協助創設了世界心理衛生聯盟。一九三八年，他創立《Psychiary》學刊，並擔任其中的編輯。一九四九年一月十四日，哈里・史塔克・沙利文與世長辭，享年56歲。在他逝世以後，他在性格心理學以及心理治療技巧上的貢獻仍持續對心理學界造成深遠影響。

❖沙利文的人際關係理論

沙利文的一生大多在孤獨中度過，但這樣的人生經歷也讓他深刻理解到人際關係對個體來說是至關重要的。沙利文認為，我們的性格主要是由我們與他人的關係所形塑而成。此外，他將性格看作是一個能量系統，其中包含我們的實際行為（他稱之為「能量轉換」），以及潛在行為（他稱之為「緊張」）；而緊張又可以進一步分成2種：需求和焦慮。

①**需求**：如果要降低需求，就要採取特定行動。這些需求和我們整體的幸福感或是身上的特定部位有關，例如：性器官或嘴巴等等。此外，這些需求可以是生理層面的（像是對食物和氧氣的需求），也可以是人際關係層面的（像是對於親密和溫柔的需求）。

②**焦慮**：沙利文認為，焦慮是讓人際關係產生裂痕的主要元凶，且無法經由持續且穩定的行為得到緩解。如果哪天我們完全不焦慮也不緊張了，這樣的狀態就稱作「安樂」。

◉動力觀

沙利文將我們典型的行為模式稱為「動力觀」，並相信這和緊張或特定的身體部位有關。以下是他所列出的4種不同動力觀：

①**親密**：指兩個地位相等個體之間的親密關係。這樣的關係有助於降低焦慮和寂寞的感受，並促進人際關係的發展。

②**慾望**：指一種以自我為中心的慾望，可以不需經由親密的人際關係就得到滿足。慾望可說是完全建立於性慾滿足上的動力觀，不必然需要他人的存在也可以自己滿足這樣的需求。

③惡意：指仇恨、邪惡，以及周遭皆是自己敵人的感受。充滿惡意的小孩通常不太能夠與他人建立親密關係、無法對他人釋出善意，也無法坦然接受他人的溫柔。

④自我系統：指可以維持我們人際上的安全感，且可以協助我們抵禦焦慮的一種行為模式。這類型的動力觀通常會抑制我們性格上的改變，如果偵測到任何不一致，就會進行所謂的「安全操作」（意指用來降低人際相關緊張的心理行為）。這些安全操作包含解離（把所有經驗隔絕於意識之外）和選擇性不注意（把特定經驗隔絕於意識之外）。

◉人格化

根據沙利文的說法，我們會透過與他人的互動來形塑自己的各種「人格」。這些人格包含：

①壞我：自我中被隱藏的某些面向。隱藏對象可能是他人或自己，而隱藏原因在於這些面向被視為是負面的。當我們感到焦慮時，通常是因為壞我進入到意識中。舉例來說，如果我們想起過去因為自身的動作而引發的尷尬事件，就會產生焦慮的感受。

②好我：自我中討人喜歡的面向。好我並不會引起焦慮的感受，且我們通常願意向他人展現自己的好我，並因此比較專注在好我所涵蓋的面向上。

③非我：自我中會引起極度焦慮感受的面向。為了將引起焦慮的面向趕出意識之外，非我通常會被深埋在我們的潛意識中。

❖人格發展7階段

沙利文跟佛洛伊德十分相似的地方在於，他們都相信母親及孩提時代的經驗，在我們的人格發展歷程中扮演非常關鍵的角色；然而，沙利文和佛洛伊德不同的地方是，他相信我們的人格在青少年期後仍會持續發展至成年期為止。他將這些不同的發展階段稱為「時代」，認為我們會以一特定順序經歷這些時代，並且時代之間的轉換主要不是由年齡所決定，而是由我們身處的社會環境所主宰。這些時代包含：

嬰兒期（出生～1歲）

此時，扮演母親的角色會給予孩子溫柔和關愛，孩子會習得焦慮的概念。

兒童期（1～5歲）

與母親之間的關係仍然佔了孩子人際互動中的重要成分，但此時孩子會開始能區分與母親的關係和與其他照顧者的關係。

少年期（6～8歲）

此時，孩子會開始希望有玩伴，或是與自己地位相仿的同儕。這個時代也是孩子社會化的開端，孩子需要學習如何與他人合作、做出妥協，或是與他人相互競爭。

前青少年期（9～12歲）

這是非常重要的階段，因為在這個時代前所犯下的錯誤都是可以矯正的，但往後若要改正鑄下的錯，就會變得極其困難。此時，孩子會結識一位知心好友（或是摯友）。如果孩子在這個階段無法習得如何與他人經營親密的關係，長大後與性伴侶之間的關係通常也會出現障礙。

青少年早期（13～17歲）

這時代從孩子青春期開始。孩子會開始對異性產生興趣，除了對友誼的需求，也會開始出現表達自己性慾望的需求。同時，慾望的動力觀會出現。如果這個階段的孩子尚未有經營親密關係的能力，就可能產生將愛跟慾望混淆的現象，導致與他人發生沒有任何親密成分的性關係。

青少年晚期（18～23歲）

這個時代最早可能出現在16歲時，但通常會在個體有能力同時對一個人有親密和慾望的感受、開始專注於經營長期關係後，才算是真正開始。這個階段中，個體也會開始學習如何應對長大成人後的生活模式。

成人期（23歲以後）

此時，個體會開始構築自己的職涯、財務安全和家庭，且看待世界的方式通常會趨於穩定。如果個體有在先前的時代中取得成功，則在此一階段的人際關係和社會化過程便會輕鬆許多；反之，則通常會導致人際衝突，並因此引發焦慮的感受。

哈里・史塔克・沙利文對於性格的廣泛研究催生出了「人際精神分析」，也就是透過觀察個體過去的互動模式來瞭解其當前心理病態的精神分析形式。時至今日，雖然沙利文的理論已不如以往受歡迎，但他的諸多貢獻仍然深深影響著心理學界。

神奇數字「7加減2」

❖人類記憶的極限

一九五六年，認知心理學家喬治・米勒正式發表了如今大名鼎鼎的論文《神奇數字7加減2：人類處理資訊的極值》。

在這篇論文中，米勒提出以下理論：任何情況下，我們的短期記憶都只能儲存7個（有時會加2或減2）單位的資訊。如果想要儲存大於7個單位的資訊，就必須先把資訊組合成較大的「組塊」。

舉例來說，我們將好幾個字組成一個句子、將好幾個句子組合成一個故事，就可以將7個以上的字儲存進短期記憶中。然而，即使運用了組塊化的手法，仍然改變不了我們一次只能記住7個組塊的事實。

舉例來說，以下字串超過7個數字，通常會讓人難以記住：

4819762013

然而，如果以自然的方式把這些數字串連成組塊，我們的短期記憶就能成功容納這些數字。

舉例來說，如果把以上字串中的數字以我們較為熟悉的方式（例如：年分）組合在一起的話，就會將總共10碼的數字變成以下字串：

4－8－1976－2013

我們可能很難記住一開始那10個單一的數字，但現在只要記住上面的4個組塊就好了，這對我們來說相對容易許多。

由此可見，如果要增加短期記憶的容量，就必須將資訊組合成較大的組塊。換句話說，只要把各個小小的部分組合成較大的整體，就可以增進我們的記憶力。

❖資訊的「再編碼」

論文中，米勒還引用了心理學家西德尼・史密斯所進行的實驗。

史密斯能夠記住一長串的二進位制數字——也就是全部由1跟0組成的數字串。其實，這些二進位字串就等同於十進位制中的單一數字。舉例來說，十進位制中的數字2，在二進位制中就會以0010來表示。史密斯發現，如果照這樣換算的話，16個二進位制數字就等同於4個十進位制數字。於是，他運用「4：1」的比例來擴增自己的記憶容量，從一開始可以記得10個二進位制數字，進步到可以記住40個二進位制數字。

實驗尾聲，史密斯已經有辦法記住10個連續的十進位制數字，並將之轉換為二進位制，變成由總共40個二進位數字組成的字串。

一九八〇年，心理學家安德斯・艾利克森、赫伯特・西蒙和比爾・蔡斯決定更加深入地探討這個再編碼的概念。為此，幾位心理學家每天花1個小時訓練一位大學生，設法讓他記住由十進位制數字所組成的隨機字串。他們平均1週會有3到5天都執行這樣的作業，並持續超過1年半的時間。神奇的是，在實驗尾聲，這個大學生可以記住的資訊量，從一開始的7個數字一路增加到79個數字。也就是說，當聽到長達79個數字的字串後，這名學生可以馬上一字不漏地複述出來，甚至可以記得前一天所聽到的字串。

這些心理學家並沒有教導這位參與實驗的學生任何特殊的數字編碼方式，而是這名學生自己把自身經驗應用到記憶歷程中——因為這名學生很喜歡跑步，所以他把這些隨機數字再編碼成「跑步的總時長」。也就是說，3593這個數字就會被編碼為3分59秒點3。後來，他則把年齡也加入為編碼工具。

米勒、艾利克森、西蒙和蔡斯等人的實驗證明了一件事——

如果我們可以使用一些複雜且精巧的編碼方式，讓資訊變得更加有條理，記憶力就有可能變得更好。

埃里希・佛洛姆（一九〇〇～一九八〇年）

人類需求理論

❖人類的基本需求

一九〇〇年三月二十三日，埃里希・佛洛姆出生於德國法蘭克福的一個正統猶太教家庭中，且是家中的獨子。佛洛姆認為自己小時候的思想比較傳統，而且非常神經質。如此具有宗教氣息的成長背景，也在往後大大影響了他在心理學領域中的貢獻。

一次世界大戰剛開打的那幾年，佛洛姆對於群體的行為模式產生了濃厚的興趣，並在年僅14歲時就開始研讀西格蒙德・佛洛伊德及卡爾・馬克思的著作。一九二二年，佛洛姆畢業於海德堡大學，拿到社會學博士學位，並開始從事精神分析師的工作。當納粹開始掌權後，佛洛姆便逃離了德國，開始在紐約市的哥倫比亞大學教書。他在那裡遇見了卡倫・荷妮以及亞伯拉罕・馬斯洛，並與他們一同進行研究工作。

佛洛姆被視為二十世紀的精神分析學派中最重要的人物之一，並對人本主義心理學產生深遠的影響。他和卡爾・榮格、阿爾弗雷德・阿德勒、卡倫・荷妮和愛利克・艾瑞克森等人一樣，都屬於「新佛洛伊德學派」的一員。新佛洛伊德學派的心理學家大致同意佛洛伊德學說，但同時不滿部分理論，因此嘗試把自己的想法融入其中。

佛洛姆的概念融合了佛洛伊德和馬克思兩人的思想。相比於重視潛意識和生理影響的佛洛伊德，以及重視社會經濟體系的馬克思，佛洛姆相信生理因素對於人的發展十分重要，且社會因素有時也會扮演較為中心的角色。

此外，佛洛姆還提出了心目中的「人性本質」——也就是「自由」。

佛洛姆在政治心理學、人性及愛等領域中都有不少著名著作，包括一九四一年的《Escape from Freedom》。一九四四年，佛洛姆搬至墨西哥，並創立了墨西哥精神分析學會，直到一九七六都擔任該學會的理事長。一九八〇年三月十八日，埃里希・佛洛姆因心臟病發而死於瑞士的穆拉爾托。

Column

新佛洛伊德學派

新佛洛伊德學派的心理學家各自都發展出不同的理論架構，但通常都不太同意佛洛伊德著作中的以下幾個概念：

- 佛洛伊德對於人性的負面觀點。
- 佛洛伊德相信人長大後的個性大多由小時候的經驗塑造而成。
- 佛洛伊德並未討論到社會與文化因素對性格和行為的影響。

❖自由

佛洛姆所認為的「自由」並不是指政治上的「自由權」，而是指我們會主動想逃離的事物。

為什麼們會想逃離自由呢？佛洛姆同意「若要獲得個人自由，就得先有外在權力所賦予的自由」這個廣為接受的概念，但他認為我們內在會有些「限制自由」的心理歷程存在。因此，如果我們要達成真正意義上的自由，就得先克服這些心理歷程才行。根據佛洛姆的說法，自由指的是不需仰賴他人，而可以靠一己之力找到生活的意義和目的。然而，這種自由也可能帶來孤獨、恐懼、疏離和渺小的感受；最嚴重的情況下，還可能導致精神疾患的產生。

因此，佛洛姆得出以下結論：就心理層面來說，我們難以達成真正的自由，所以我們會試圖逃避自由。基於此一觀點，他提出3種逃避自由的方式：

①權威主義

我們會透過交出自己的權力或自身變成掌權者，成為權威主義社會體系的一員。佛洛姆認為，權威主義的極端展現就是施虐和受虐傾向。舉一個較不極端且處處可見的例子，就是老師和學生之間的關係。

②破壞性

當我們受苦時，會將身旁的所有事物也跟著破壞。這種破壞性會導致某些人去羞辱他人、做出殘忍行為，甚至是犯罪。施展破壞性的對象也可以是自己的內在，這樣的情況就稱為「自我毀滅」，而最明顯的例子就是自殺。佛洛伊德認為，當我們把自我毀滅的傾向展現到他人身上時，就會產生破壞性；而佛洛姆的概念則剛好相反，他認為當我們無法對外在展現破壞性時，才會產生自我毀滅的行為。

③自動性順從

在階層比較不明顯的社會體系裡，我們有辦法「隱形」於大眾文化當中。只要調整說話、穿著和思考方式，我們就可以成功隱藏在群眾中，藉此避免承擔某些責任，而不去認可自己所擁有的自由。

我們逃避自由的方式會受到成長時的家庭環境影響。根據佛洛姆的說法，一個健全且有效的家庭，會在教導孩子理性思考的同時，營造出充滿愛的氛圍，讓孩子在成長過程中逐漸學會承擔責任，並認可自己所擁有的自由。

然而，既然有「有效的家庭」，就必然會有「無效的家庭」，以下就是這些會促使孩子產生逃避行為的家庭類型：

①共生型家庭

在這類家庭中，家庭成員的性格會因為被其他成員「併吞」而無法得到完善的發展。舉例來說，小孩的性格可能僅僅是反映出父母的願望而已；或者小孩可以輕易左右父母的行為，使父母的存在僅僅是繞著小孩打轉而已。

②**抽離型家庭**

在這類家庭中，家長對於孩子的期望非常高，且對於孩子的要求很多。這類型的父母通常會對孩子施以儀式化懲罰，並告訴孩子「這是為了你好」。另一種懲罰形式是情感上的懲罰，父母會讓孩子產生罪惡感，或是停止向孩子表達愛。

然而，佛洛姆也相信教養方式並非唯一的影響因素。他認為我們非常習慣於遵照指示，以致於我們甚至在自己沒有意識到的狀況下也會遵從指令，而這些社會上的規矩就深深烙印在我們的潛意識中，阻礙我們達成真正的自由。佛洛姆將這樣的現象稱為「社會潛意識」。

❖佛洛姆的人類需求理論

佛洛姆認為，人類需求有別於動物需求。根據他的說法，動物需求就是一些基本生理需求，但人類需求則可以協助我們找到生存的意義，也象徵著我們與大自然融為一體的渴望。

在佛洛姆的理論架構中，共有8種不同的人類需求：

①**關聯性**：指與他人建立關係的需求。

②**超越**：我們並非自願生在這個世上，因此需要透過創造或毀滅來戰勝（或超越）自己的天性。

③歸根：建立自己的根，並在世界上感到自在的需求。若成功滿足這樣的需求，就能在成長過程中逐漸脫離兒時和母親之間的聯繫；反之，則可能害怕脫離母親所帶來的安全感。

④自我認同感：佛洛姆認為，若要保持神智健全，就得意識到自己的獨特性。這種對自我認同的渴望非常強烈，甚至強烈到會讓我們產生從眾行為。也就是說，有時我們並不會建立自己獨有的自我認同，而是會從他人身上獲取自己的自我認同。

⑤定位架構：我們會希望能瞭解這個世界，以及自己在這世界中所扮演的角色。我們可以藉由宗教、科學和個人哲學等來為這個世界提供架構，或是尋求任何可以提供我們觀看世界角度的事物。

⑥興奮與刺激：我們並非只是對周遭環境做出反應，而是會主動去完成特定目標。

⑦合一：感受到與自然世界和人類世界合而為一的需求。

⑧有效作為：感受到自己有所成就的需求。

佛洛姆被視為二十世紀最重要也最具影響力的心理學家之一。他在人本心理學的發展中扮演十分關鍵的角色，並將人性視為一種相互矛盾的概念。簡而言之，佛洛姆認為生命渴望與自然合而為一，但同時希望與自然相互獨立，而自由則是一種我們極力避免的事物。

好撒馬利亞人實驗

❖助人行為的條件

一九七三年，約翰・達利與丹尼爾・巴森根據聖經中《好撒馬利亞人》的故事設計了一項實驗。

《好撒馬利亞人》

這則故事講述一名正從耶路撒冷前往耶利哥的猶太男子遭到搶劫，被搶匪毆打一頓後留在路邊等死。正當他躺在路邊時，一名猶太教祭司經過他身旁。然而，這名猶太祭司看到男人後，並沒有做出他應當做的事——幫助這名男子，而是選擇假裝沒看到他，並走向路的另外一側。接著，一名利未人走到男子身旁，但如同前面的猶太祭司，這名利未人也沒有幫助可憐的男子，只是看了他一下，就走向路的另一側。

接著，一名撒馬利亞人走到男子身旁。雖然撒馬利亞人和猶太人相互仇視，但這名撒馬利亞人仍然幫男子包紮傷口，並把他帶到一間小旅館，整晚照護他。隔天清晨，撒馬利亞人付了旅館的錢，並請旅館主人好好照顧男子，表示無論需要額外付多少錢都可以。

根據這則故事，達利和巴森想要測試以下這3個假設是否成立：

①有些人認為，故事中的猶太祭司和利未人是因為太專注在宗教事務上，無法分心幫助那名男子。由此，達利和巴森衍生出第1個假設——比起主要關注事物並非宗教的人，專注於宗教思考的人更不容易接收說服而提供他人協助。

②趕時間的人比較不容易幫助他人。

③比起為了私人利益而投身宗教的人，為了理解生命意義並得到精神洞見而投入宗教者更容易幫助他人。

❖實驗〈好撒馬利亞人實驗〉

本實驗的受試者是一群主修宗教學的學生。實驗開始前，這些學生要先填寫一份調查他們宗教信仰和信念的問卷，問券結果會用來檢驗第3個假設。

①首先，這些學生會先上一堂宗教學相關課程，然後就會被告知要前往另一棟大樓。

②在他們走到另一棟大樓的路上，會有一名看起來深受重傷且極需幫忙的演員躺在地上。

③為了觀察趕時間是否會對受試者造成影響，有些學生會被告知必須在很短的時間內趕到另一棟大樓，而另一些學生則被告知可以慢慢來、不必趕時間。

④此外，為了觀察心態對學生的影響，有些學生會被告知接下來要進行與《好撒馬利亞人》故事相關的演說，而另一些學生則被告知要講述的主題是學校中的行政流程。

⑤為了評估受試者的行為，實驗者事先建立了一個1到6分的評分機制——1分代表受試者完全沒注意到受傷的演員，而6分則代表受試者在其他幫忙的人到達前都陪在演員身邊。

◉實驗結果

這項實驗中，達利和巴森發現受訪者趕時間的程度是影響他們是否會停下幫忙的主要因素。當受試者不趕時間時，有63％的人會停下來幫助這名演員；然而在趕時間的狀況下，只有10％的人會願意停下腳步幫忙。

此外，相較於要講述行政流程的受試者，被告知要進行《好撒馬利亞人》相關演說的受試者有近2倍的機率會停下幫忙，顯示出我們腦中的所思所想的確會影響助人行為。然而，這個因素的影響力還是沒有時間壓力來得大，因為在那些趕著要去進行《好撒馬利亞人》演說的受試者中，絕大部分還是不會停下腳步幫忙。

此外，受試者投入宗教是為了個人利得還是精神洞見，似乎沒有顯著影響。

值得一提的是，在到達另一棟大樓之後，那些並未停下來幫忙的受試者開始表現出焦慮和罪惡的感受，似乎顯示他們並未幫忙是因為時間上的限制與壓力，而不是因為他們完全不在乎。

在好撒馬利亞人實驗之中，研究者成功證明了兩件事——

其一是如果有人沒停下腳步幫助受害者，通常都是因為他們太過專注於時間了；其二則是，如果我們太過專注於自己腦中的問題，則可能導致令人震驚的後果。

人格疾患

❖當行為偏離正軌時

當我們的行為模式或內在經驗偏離自己所屬的文化常規時，這樣的情況就稱為人格疾患。

這些非常規的行為模式是缺乏彈性且難以避免的，通常始於青少年期或青年前期，且可能會對日常生活造成嚴重的困擾和影響。

目前為止，心理學界對於人格疾患的起因尚未有定論。有些人認為這些疾患是遺傳，有些則認為其根本原因可以追溯到早期生活經驗，這些經驗阻礙了正常行為和思考模式的發展。

❖人格疾患的診斷方式

心理學家通常會根據第4版的「精神疾患診斷及統計手冊（簡稱DSM-IV）」中所列出的準則，診斷一個人是否患有人格疾患。以下是一些患有人格疾患者必須具備的症狀：

・行為模式必須影響到個體生活的不同方面，包括但不限於人際關係、工作和社交生活。
・行為模式必須是長期存在且遍及各個生活層面的。
・症狀必須至少影響到下列情況中的2項以上：情感、思維、衝動控制能力，以及與他人的互動。
・行為模式必須始於青少年期或青年前期。
・行為模式不隨時間而變化。
・這些症狀不能是其他醫療情況、精神疾患或藥物濫用所造成的。

❖人格疾患的不同類別

人格疾患總共可以分成10種不同的類型，而這10種類型又可以根據其之間的相似性而分成3大類群。

◉A類群　特徵：怪異或奇特的行為

①偏執型人格疾患

這類型的人格疾患展現出的症狀和思覺失調症有些類似，在美國成人人口中佔了2％的比例。常見症狀包含：對他人感到懷疑與不信任；感覺受到他人利用或欺瞞；不斷嘗試在對話和手勢中找到其隱藏的意義；認為伴侶和親友不可信或不忠誠；因為感到被欺瞞而突然大發雷霆等。受偏執型人格疾患所苦的人，通常看起來十分嚴肅、善妒、冷漠且遮遮掩掩的。

②類分裂型人格疾患

此類型在人格疾患中相對稀少，因此我們並不知道有多少比例的人口受其影響，僅知道通常男性比較容易患有此類人格疾患。常見症狀包含：幾乎不會有與他人建立親密連結的渴望；很少參與有趣好玩的休閒活動；與他人十分疏離；對於他人的拒絕、批評、肯定或讚美都無動於衷等。受類分裂型人格疾患所苦的人，通常看起來冷漠、沉默寡言且漠不關心。

③分裂型人格疾患

這類型人格疾患在美國成人人口中約佔3％。常見症狀包含：異於常人的觀點、行為和思考模式；在建立人際關係時常遭遇困難；無論什麼情況下都會有嚴重的社交焦慮；相信自己有讀心或預見未來的能力；常做出不合時宜的反應；忽略周遭的其他人；自言自語等。受分裂型人格疾患所苦的人，通常也較容易罹患精神病以及憂鬱症。

◉B類群　特徵：常有戲劇化且缺乏規律的行為模式

①反社會型人格疾患

通常男性（3％）比女性（1％）更容易受此類型人格疾患影響。常見症狀包含：全然不在乎他人和自己的人身安全；時常欺騙他人；衝動行事；易怒且攻擊性強（因此時常被捲入打鬥中）；對於他人毫不在乎；無法遵從社會所建立的常規等。因此，受反社會型人格疾患所苦的人時常會觸犯法律。

②邊緣型人格疾患

這類型人格疾患在美國成人人口中約佔1～2％，且男性通常較女性容易受到影響。常見症狀包含：間歇性地受嚴重的憂鬱、焦慮和易怒所苦，持續時間從數小時到數天都有可能；衝動行事；從事藥物濫用或暴飲暴食等自我毀滅性行為，並以此來控制他人；因為自尊低落且欠缺自我認同，通常會與他人形成不穩定且高強度的人際關係，並時常在關係中將對方過度理想化或過度貶低等。

③表演型人格疾患

比起男性，女性更容易受到此類型人格疾患影響，在美國成人人口中約佔2～3％。常見症狀包含：希望自己一直是眾所矚目的對象；做出不合時宜且具有性暗示或挑撥性的行為；膚淺且情緒易變；容易受到他人影響；高估關係的親密程度；說話方式缺乏實際細節，且過於誇張而戲劇化等。

④自戀型人格疾患

這類型人格疾患在美國成人人口中少於1％。常見症狀包含：過於誇大自己的重要性；沉迷於權力和成就的幻想中；相信自己是獨一無二的，認為應該與相同地位的人往來，且只有這些人能理解自己；認為自己有特定權力，應該受到特殊待遇；時常嫉妒他人，且相信他人總是嫉妒自己；利用他人以獲取個人利益；對他人漠不關心；不斷渴望讚美、肯定和關注等。

◉C類群　特徵：通常會因恐懼和焦慮而產生特定情緒及行為模式

①迴避型人格疾患

這類型人格疾患在美國成人人口中約佔1％。受此疾患所苦的人，也有發展出焦慮性疾患（如：社交恐懼症和廣場恐懼症等）的風險。常見症狀包含：時常感到自己不夠好；極度害羞；對任何拒絕或批評都非常敏感；避免社交和人際互動（例如：在職場或學校）；自尊心低；希望與他人親近，卻難以和家人以外的人建立關係等。

②依賴型人格疾患

這類型人格疾患在美國成人人口中約佔2．5％。受此疾患所苦的人，通常也患有邊緣型、迴避型或表演型人格疾患。常見症狀包含：對任何拒絕或批評都非常敏感；自信心和自尊心低；時常擔心自己被拋棄；在人際關係中採取被動角色；難以自己下決定；時常避免承擔任何責任等。

③強迫型人格疾患

這類型人格疾患在美國成人人口中約佔1％，且男性患者的比例是女性的2倍。受此疾患所苦的人，也可能發展出由壓力和焦慮引起的疾病。常見症狀包含：在無法完全掌控的情況下會感到無助；過度在意秩序、控制、規則和清單等事物，且極度完美主義；即使是沒有任何感情價值的物品，也無法丟棄；過度追求完美，甚至到了妨礙自己達成目標的程度；過度專注於工作，以致於將其他事物棄之不顧；思考僵化而抗拒任何改變。受此疾患所苦的人，通常看起來十分固執、死板且吝嗇，認為金錢是用來應對將來的災難，因此應該好好存起來，而不是花在自己或他人身上。值得一提的是，雖然強迫型人格疾患（ＯＣＰＤ）與強迫症（ＯＣＤ）有許多相似之處，但兩者仍被視為截然不同的心理疾患。

人格對於我們的生命經驗來說非常重要，因此當日常生活中的行為和互動模式偏離文化所設定的規範時，就可能引發十分劇烈的影響。透過深入探討這些人格疾患並將它們分為不同類別，心理學家才能進一步瞭解並協助治療受這些狀況所苦的人。

解離性疾患

❖不必為突如其來的中斷致歉

解離性疾患是因我們知覺、記憶、意識和自我認同上的干擾、中斷和解離而形成的疾病之總稱。當這些基本面向無法正常運作時，就會造成嚴重的心理困擾。解離性疾患有好幾種類型，但都有一些共通的特性。

心理學家認為，解離性疾患都源自於我們人生中所經歷的某些創傷。這些太過嚴重的創傷難以被納入我們的意識中，因此經歷過的人會以「解離」來作為處理機制。通常，我們也會在其他精神疾患中看到解離性疾患或其症狀的存在，包含恐慌症、強迫症以及創傷後壓力症候群等等。

以下是4種不同類型的解離性疾患：

①解離性失憶症

在這類型解離性疾患中，患者會阻斷與壓力或創傷事件相關的關鍵資訊。解離性失憶症又可以進一步分成以下4種子類別：

- **局部性失憶**：指患者完全想不起來跟一特定事件（通常是創傷事件）相關的任何回憶。局部性失憶通常是有時效性的。舉例來說，如果某人在車禍後的3天內完全無法回憶起相關事情，就代表這個人正在經歷這種類型的解離性失憶症。
- **選擇性失憶**：指患者僅能夠回想起某段時間內的片段資訊。舉例來說，如果某人遭受到肢體上的暴力對待，之後可能只記得起這段時間中的某些特定片段而已。
- **廣泛性失憶**：指患者完全不記得自己人生中的任何細節。這類型的解離性失憶症十分罕見。
- **系統性失憶**：指患者僅對特定類型的資訊失去記憶。舉例來說，患者可能完全記不得有關於某個地點或某個人的任何資訊。

若患者出現選擇性、廣泛性或系統性失憶症狀，通常是由解離性身分疾患等更複雜的解離性疾患所引起。

②解離性漫遊症

這是一種十分罕見的解離性疾患，患者會在沒有任何事前規劃的情況下突然離開自身的生活環境，到很遠的地方旅行。這樣的旅行可能持續數個小時到數個月之久，也曾經有罹患解離性漫遊症的患者長途跋涉數千公里的紀錄。漫遊狀態下，患者會出現失憶症狀，既想不起自己當初為什麼要離家出走，也不太記得自己的過去。這時，患者會對於自己的身分感到十分困惑，甚至完全記不得自己是誰。一些罕見案例中，患者甚至可能換上一個截然不同的身分。

③解離性身分疾患

這類型的解離性疾患以前稱為「多重人格疾患」，可說是解離性疾患中最為人所知的一種。患者會同時具有多個截然不同的人格和身分，不像一般人只有固定的一種人格。因此，診斷為解離性身分疾患的患者必然會有2種以上的人格，且這些人格必須要重複出現並能掌控患者的行為。這些患者中，大約有半數都只有11個以下的身分，但也有些患者擁有多達100個身分。

這些人格都有各自獨特的身分、自我形象和姓名。當患者切換為其他人格（又稱為「交替人格」）時，記憶中就會出現一段很長的空白。切換為其他交替人格的過程通常需要花費數秒鐘，而這些交替人格可以是不同年紀、國籍、性別和性傾向的人，甚至會表現出跟主要人格截然不同的肢體語言和姿勢等。而這些交替人格的出現和消失，通常是由壓力事件造成的。

受解離性身分疾患所苦的患者通常也會罹患其他心理疾患，例如：邊緣型人格疾患、憂鬱症、飲食疾患和物質濫用等等。若同時擁有這些疾患，則可能導致暴力行為、自殘甚至自殺傾向產生。

④人格解體疾患

人格解體疾患的患者會有一種「抽離」的感受，覺得自己的身體非常不真實。雖然人格解體症狀在每個人身上都會有些許不同，但最常見的幾種說法如下：患者會感覺自己的身體在溶解或是改變；感覺自己猶如旁觀者，看著自己的人生逐漸往前進；感覺好像飄在天花板上看著自己的身體；感覺自己像是某種機械或是機器人一樣等等。受人格解體疾患所苦的人，大多也會經歷情緒上的抽離，或是覺得自己在情緒上已經麻木。

然而，有人格解體的經驗並不一定代表患有人格解體疾患，因為有些疾患也會伴隨著人格解體經驗的產生，例如：恐慌症、急性壓力疾患、創傷後壓力症候群，以及邊緣型人格疾患等等。因此，如果只在經歷創傷性壓力或恐慌發作時才會出現人格解體，就不算是患有人格解體疾患。

人格解體也可能發生在身心健全的人身上。有些特殊狀況會引發人格解體，例如：長期睡眠不足、與情緒相關的壓力事件、特定麻醉劑的使用，以及實驗中的失重情境等。由此可知，人格解體算是相當常見的現象。因此，唯有症狀變得非常嚴重，並對患者造成極度情緒困擾、妨礙某些功能的正常運作時，心理師才會做出人格解體疾患的診斷。

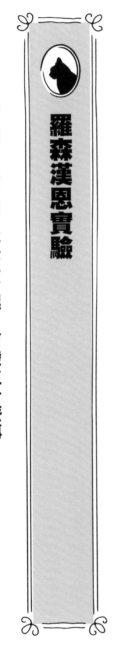

羅森漢恩實驗

❖將心智正常和不正常的人放在一起，會發生什麼事？

一九七三年，一名叫作大衛・羅森漢恩的史丹佛大學教授，對當時精神疾患診斷的概念提出質疑，並設計了一項實驗以檢視精神科醫生是否能以可信的方式區分出心智正常和不正常的人。根據羅森漢恩的說法，如果實驗結果是否定的，就代表精神科醫生對於精神異常的診斷是無效且不可靠的。羅森漢恩所設計的實驗總共可以分為2個部分：

❖實驗〈假病人實驗〉

這項實驗中，羅森漢恩找來了8名參與者，包含3名心理學家、1名精神科醫師、1名小兒科醫生、1名家庭主婦、1名畫家，以及1名心理系畢業的學生。其中共有5位參與者是男性，而另外3位則是女性。

首先，羅森漢恩的目標是讓這些參與者獲准進入5個不同州內的12間醫院。為了讓實驗結果可以廣泛應用在不同情境下，羅森漢恩所選的醫院類型從舊到新、從研究型到非研究型、從人手不足到人手充足都有，且其資金來源也從私人、政府到大學贊助都涵蓋在內。接著，羅森漢恩請這些參與者（他稱為「假病人」）分別和這幾所醫院約診，並在一進入醫院的接待處後，就開始抱怨在自己的腦海中聽到與自己性別相同的陌生人講話的聲音。

待這些假病人成功入院後，他們就不必再假裝自己有任何異常狀況了。因此，他們和醫院中的工作人員以及其他病人講話的方式，就如同他們平時在日常生活中和其他人對話的方式。此外，當醫療人員問他們感覺如何時，他們也會表示自己狀況很好，沒有任何症狀。羅森漢恩告訴這些假病人，他們要靠一己之力來說服醫療人員讓自己出院，並相信他們是心智健全的。然而，這個過程中完全不能提到這項實驗的存在。入院期間內，這些假病人會記錄他們自身的經驗和觀察；同時，羅森漢恩也派出1名學生向史丹佛健康中心內的工作人員詢問一系列問題，而這名工作人員是在知道自己的一言一行會被記錄下來的情況下進行回答的。接著，羅森漢恩就將這些回答和假病人在醫院內問醫療人員問題時所得到的回答進行比較。

◉實驗結果

這些假病人平均住院時間為19天，其中有些只待了7天，而有些則待了52天之久。除了其中一人以外，其他假病人都成功獲准進入醫院，並被診斷患有思覺失調症。而在出院時，這些假病人雖然完全沒有表現出任何思覺失調症狀，卻仍然被診斷為「症狀有所緩解的思覺失調症」。

住院期間，其他病人曾經懷疑這些假病人是否由想調查醫院的記者偽裝而成，但醫院中的醫療人員反而將假病人的正常行為視為他們疾病的一部分。紀錄中，分別負責照顧3名不同假病人的護士都不約而同地認為，假病人寫作的行為其實是一種病態行為。由此，羅森漢恩得出以下結論：所謂的「心智正常」和「心智不正常」之間其實有許多相似之處，就如同「情緒」和「感受」之間的區別一樣。然而，在精神病院中，有些我們每天都會遇到的「正常」情緒和經驗，反而會被看作是病態而「不正常」的。

此外，沒有任何一名假病人享受自己待在精神病院中的時間。他們表示，這些精神醫療設施剝奪了病患的許多基本人權，讓他們感覺十分無力，甚至有迷失自我的感受。舉例來說，醫院中許多廁所都是沒有門的，且病患不能隨心所欲地四處走動，甚至會遭到醫療人員的殘忍對待等等。

根據估計，這些假病人總共收到約2100片藥片，但真正吃下去的只有2片，大多數藥片都被直接沖進馬桶。在馬桶中，假病人也發現許多其他病人未服用的藥物。對此，羅森漢恩得出以下結論：只要病患表現出願意配合的態度，就不會有人仔細注意和觀察他們的行為。

◉後續研究

進行完上述實驗後，羅森漢恩造訪了一間聽說過這項實驗的研究型醫院。過程中，他向該醫院的工作人員謊稱，接下來的3個月內還會有其他假病人嘗試入院。因此，該醫院的全體人員都被告知要在看到新病患時，用1到10分的量表來衡量其為假病人的可能性。

這段期間內，有193位病患經過這樣的衡量過程，其中有41位被工作人員認為是假病人，有23位被精神科醫生判定為假病人，而有19位同時被工作人員和精神科醫生認定為假病人。

根據羅森漢恩的說法，這個後續研究再次證實了精神科醫生無法以可信方式判斷一個人是否心智正常。換句話說，第一項研究證明了這些精神科醫生無法看出一個人是心智正常的，而第二項研究則證明了他們無法看出一個人是心智不正常的。羅森漢恩成功展現出，當病患被貼上特定精神疾患標籤時，病患的所作所為都會被依據此標籤來進行詮釋。因此，他認為醫院的工作人員和精神科醫生不應該只是把人貼上「心智不正常」的標籤，而應該更注意每個人各自的行為，以及他們所面臨的困難。

◉對於羅森漢恩實驗的評價

雖然羅森漢恩成功地展現出將病患分類這種做法的缺陷，也揭露了當時精神病院的環境是多麼糟糕，但他建立在謊言之上的研究仍被認為不符合倫理道德規範。雖說如此，他的研究結果仍然改變了許多精神醫療機構中實施醫療照護的準則。

當時廣為使用的「精神疾患診斷及統計手冊」還只更新到第2版。一九八〇年代，為了解決模糊不清的診斷準則和可信度問題，成功誕生了第3版。因此很多人認為，如果當年廣為使用的版本是第3版，羅森漢恩的實驗結果就會截然不同。時至今日，我們通常使用的是第5版。

學習風格理論

❖從經驗中學習

一九八四年，一名名叫大衛・庫柏的哲學教授提出了一個學習風格模型，以及一個學習相關理論。庫柏的學習理論大致上可分成2個部分：其一是由4階段組成的學習循環，其二則是4種不同的學習風格。

庫柏對於學習的定義如下：當我們習得抽象的概念，且能夠將之應用於許多不同情境時，就稱為學習。此外，當新的經驗促使我們心中浮現新概念時，也是學習的一種。

❖4階段學習循環

庫柏的學習理論中，提到了涵蓋4階段的「學習循環」。也就是說，當我們在學習某樣新事物時，就會一一經歷這4個階段。

①具體經驗：指我們經驗到全新事物，或是重新詮釋過去既有經驗時。

②省思觀察：指我們仔細觀察全新經驗時。這個階段要特別注意我們在既有理解和全新經驗之間的差距。

③抽象概念：透過省思，新的想法逐漸成形。這個階段，除了產生新想法，也可以修正既有的抽象概念。

④主動驗證：在這個階段，我們會將新想法應用在周遭環境中，並觀察其帶來的結果為何。

◉經驗學習風格

接著，庫柏從這4個學習階段的概念，衍生出4種截然不同的「學習風格」。

根據他的說法，每個人都有自己偏好的學習風格，而這種偏好背後的原因眾多，可能是教育經驗、認知結構和社會環境等等。總之，無論這些偏好是如何形成的，我們對於學習風格的喜好都建立在兩個關鍵抉擇之上。庫柏將這兩個抉擇（或稱變項）以兩個軸的方式呈現。軸的兩端分別為兩種互斥的學習模式：感覺（具體經驗，簡稱CE）與思考（抽象概念，簡稱AC），以及執行（主動驗證，簡稱AE）與觀看（省思觀察，簡稱RO）。

圖中的水平軸稱為「處理連續體」，主要描述我們如何處理一項特定任務；而垂直軸稱為「知覺連續體」，主要描述我們所產生的情緒反應。依據庫柏的說法，我們無法同時經歷一個軸上的兩個不同變項。

接著，庫柏進一步根據每個人在兩個軸上的位置，將學習風格分成4個類別：適應型、發散型、聚斂型以及同化型。我們可能使用一種以上的風格學習，但還是會比較偏愛其中幾種風格。

①適應型（感覺CE＋執行AE）

主要仰賴直覺，而非邏輯思考。因此這類型的人通常傾向憑直覺行事，並從他人身上汲取資訊，再自己進行分析。這類型的人喜歡將計畫貫徹到底，熱愛新的情境和挑戰。

②發散型（感覺CE＋觀看RO）

比起親自動手執行，更喜歡在一旁觀察，透過收集資訊和發揮想像力來解決問題。因此這類型的人有能

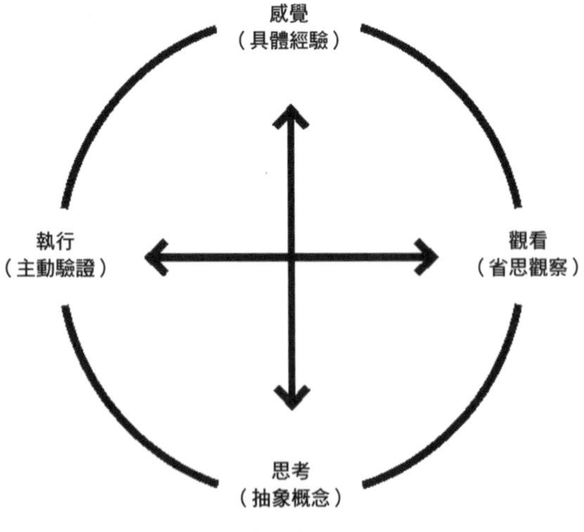

經驗學習風格

	主動驗證（AE）	省思觀察（RO）
具體經驗（CE）	適應型（CE/AE）	發散型（CE/RO）
抽象概念（AC）	聚斂型（AC/AE）	同化型（AC/RO）

力從不同角度觀察情況，在需要產生創意的情境中表現得最得心應手。此外，這類型的人通常較敏感、情感豐富且富有藝術氣息。他們喜歡與他人合作、接受反饋及獲取資訊，並願意以開放心態聽取他人意見。

③聚斂型（思考AC＋執行AE）

屬於技術導向，比起人際問題，更喜歡解決實際問題。因此這類型的人在處理實際問題及透過尋找解答來做出決策時，通常最得心應手。此外，這類型的人喜歡做實驗、進行模擬，將概念應用在真實世界中。

④同化型（思考AC＋觀看RO）

重視用邏輯思考來處理抽象的想法和概念，較不在意人際關係及實際應用。因此這類型的人可以輕鬆理解各式各樣的資訊，並且有能力將資訊整合成符合邏輯的形式，在科學領域中可說是如魚得水。此外，這類型的人通常具有全面思考整體情境的能力，並精於評估各種分析模型。

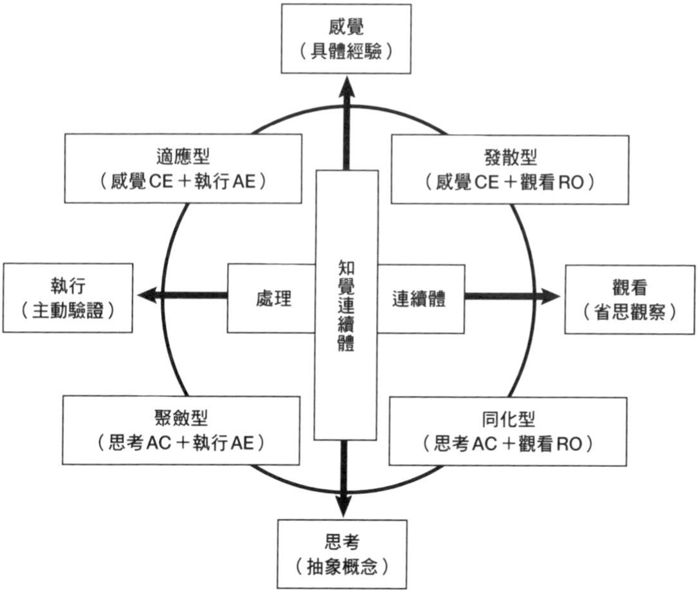

學習循環與經驗學習風格

深入瞭解自己和他人的學習風格，能應用在許多實際問題上。舉例來說，我們可以藉此知道怎樣向他人傳達資訊才是最有效的，並進一步探索自己需要更加精進的部分。因此，瞭解學習風格是相當重要的。

焦慮性疾患

❖不只是「容易緊張」這麼簡單

我們每個人在日常生活中都會歷經各種焦慮和壓力，但所謂的「焦慮性疾患」卻不只是單純的焦慮而已，而是一種嚴重的精神疾患。焦慮性疾患會造成嚴重的困擾和阻礙，使病患難以過上正常且健康的生活。以下列舉6種不同類別的焦慮性疾患：

◉恐慌症

恐慌症患者會面臨嚴重的恐慌發作，且通常會在毫無理由和預警的情況下發生。恐慌發作時可能會有的症狀包含：大量流汗、胸痛、顫抖、呼吸困難或喉嚨阻塞、忽冷忽熱、心悸、頭暈或暈眩、刺痛或麻木、胃痙攣或其他消化系統不適症狀（如：噁心等）、對死亡和失控的強烈恐懼感。

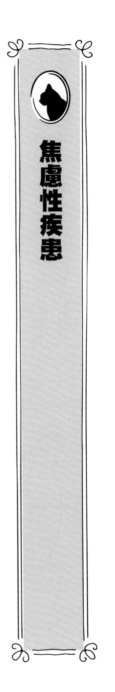

恐慌發作時，其嚴重程度通常在10分鐘內達到巔峰。然而，有時也可能持續10分鐘以上。此外，許多患者在發作的數小時後仍會感到焦慮不已。

Column

廣場恐懼症與恐慌症

一般人常認為廣場恐懼症就等於害怕開放空間，但事實並非如此。所謂的廣場恐懼症其實是指患者會害怕自己在開放空間等地點恐慌發作，因而陷入十分困窘的情境。因此，這些患者會因為過度在意自己何時恐慌發作，而不願意前往公共空間或是參與多人活動。也就是說，雖然還是有些例外，但廣場恐懼症通常是恐慌症所衍生出的結果。約有⅓的恐慌症患者也同時受廣場恐懼症所苦。

◉強迫症

強迫症是所有焦慮性疾患中症狀最明顯的一種。在這類型焦慮性疾患中，病患焦慮的來源是腦中不斷運轉的「強迫性思考」——也就是病患避之不及卻揮之不去的擾人想法。因此，病患會為了減緩強迫性思考所帶來的壓力，而開始進行一些儀式化行為。然而，這些行為最終會變成一種「強迫性行為」，使得患者被迫一再重複這些行為。強迫性行為可能演變得極度複雜，甚至嚴重干擾患者的日常生活。雖然仍有少數例外，但大多數情況下，這些強迫性行為都跟病患的強迫性思考有直接相關。舉例來說，認為自己的手遭到汙染的患者，可能就會演變出每10分鐘就要洗一次手的強迫性行為。

強迫症患者通常也知道自己的行為有多麼不理性，因此時常對自己的強迫性行為感到沮喪。雖然不同年齡層的人都可能罹患強迫症，但人的一生中有2個時期最容易出現強迫症症狀——那就是青春期前（稱為早發性強迫症）以及老年期時（稱為遲發性強迫症）。強迫症又可以進一步分為5個子類別：

- **受汙染的強迫性思考＋清潔或洗滌相關的強迫性行為**：這類型患者常會過度執著於覺得自己骯髒的想法，以及不乾淨所帶來的不適感。為了減緩這些感受，患者會不斷重複洗手的行為，有時甚至可以持續數小時之久。
- **受傷害或傷害他人的強迫性思考＋不斷檢查的強迫性行為**：舉例來說，如果患者一心認為自己的房子會燒起來，就屬於這類型強迫性思考。基於這種想法，患者會時常檢查烤箱、火爐和烤麵包機等是否有確實關好，或是不斷檢查電燈是否有確實關閉，甚至三番兩次從外面開車回家，確保自己的房子沒有付之一炬。
- **純強迫症**：這類型患者並不會有任何外顯的強迫性行為，而是對於宗教、性愛和暴力等事物持續產生強迫性思考。舉例來說，患者可能產生自己是殺人犯且會殺害他人的強迫性思考。為了緩解這些想法帶來的壓力，患者常會進行一些精神上的儀式，像是在腦中數數、禱告或是背誦特定文字等。
- **對稱相關的強迫性思考＋計數或整理相關的強迫性行為**：這類型患者會非常渴望把一切物品都按照順序安排整理好，直到完美無缺為止。此外，可能會想在完美處理完某些事情前，都不斷重複特定字句。有時候，患者會相信如果自己正確執行這些強迫性行為，就可以避免某些潛藏危機。舉例來說，一名女患者相信如果她以某種特定方式來整理自己的書桌，就可以避免她的丈夫發生車禍。

・**強迫性囤積**：這類型患者通常會收集一些幾乎沒有任何價值的物品，且永遠不會將它們丟棄。這些囤積的物品會讓患者的家中凌亂不堪，甚至嚴重到幾乎無法住人的程度。患者通常會有一種「囤積下來的東西某天一定會派上用場」的強迫性思考。此外，就算並非強迫症患者，也可能出現強迫性囤積行為。

◉創傷後壓力症候群

這類型焦慮性疾患通常發生於可能危及自身或周遭他人的創傷事件後。在這些事件發生後，患者就會開始產生一些症狀，包括腦中突然閃過當時的記憶、夢魘中出現當時的畫面，或是心中出現揮之不去的相關圖像和想法等等。一旦接觸到任何相關提示，患者就會再經歷一次劇烈的情緒震盪，因此他們會極盡所能地避開任何會讓他們想起該創傷事件的場合。此外，患者的行為模式會有所改變，例如：限縮自己參與的活動類型，或難以表達出某些特定情緒等等，甚至失去對未來的展望。

◉社交焦慮性疾患

社交焦慮性疾患可說是最常見的焦慮性疾患之一，大約有14%的人都會在一生中的某個時間點經歷一些社交焦慮的症狀。社交焦慮性疾患的患者時時刻刻都會擔心他人看待自己的眼光，且對於遭受他人的評斷、承受他人的負面眼光、陷入困窘的情境以及遭到他人羞辱等情況，有著超乎理性範圍的恐懼。社交焦慮性疾患和單純的害羞不一樣，其症狀通常持續時間較長且較嚴重。這些症狀可能是生理上的，也可能是情緒上的。常見症狀包含：顫抖、大量流汗、心跳加快、在沒有熟人的環境中感到極度緊張、對於被他人評價感到非常害怕、對於被他人羞辱感到焦慮、害怕他人看出自己很焦慮、對於事先規劃好的社交活動感到擔心害怕等。

◉特定恐懼症

特定恐懼症患者會對特定物體或情境產生強烈而不理性的恐懼。特定恐懼症主要可以分為4大類別，而很多人會同時患有某一類別中多種不同的恐懼症，或是同時患有不同類別中的恐懼症。這4大類別分別是：情境相關恐懼症、醫療相關恐懼症、自然環境相關恐懼症，以及動物相關恐懼症。

不論是哪種類別的特定恐懼症，患者通常都會展現出類似的症狀，其中較常見的包含：遇到恐懼的事物時，會產生嚴重的恐懼、恐慌或擔憂等感受；產生類似恐慌發作的症狀，包括呼吸急促、大量出汗、頭暈和麻木等；患者會極盡所能地避開恐懼的事物，甚至到影響日常生活的程度；患者會一直想著下次遭逢恐懼事物的情境，並腦中設想那些無可避免的狀況。

◉廣泛性焦慮性疾患

廣泛性焦慮性疾患是所有焦慮性疾患中最常見的一種，患者會毫無理由地對某些事物感到害怕和緊張。這些事物會隨著時間而不斷改變，且伴隨而來的症狀也十分多樣，較為常見的包含：易怒、疲倦、難以專注、難以放鬆和睡眠問題等等。其他可能產生的生理症狀則包含：噁心、腹瀉、頭痛和肌肉緊繃（尤其是肩頸、背部肌群）等等。

陌生情境測驗

❖探索依附關係的方法

心理學家約翰・鮑比認為，孩子的依附關係只有「有無」之分，但另一位心理學家瑪麗・安斯沃斯則認為，不同孩子之間在依附關係的品質上也有著明顯的區別。

由於1到2歲的孩子無法像大人一樣完整表達自己對依附關係的想法，因此安斯沃斯在一九七〇年想出了一種「陌生情境測驗」，用來探討孩子在依附關係型態上的個別差異。

❖實驗〈陌生情境測驗〉

安斯沃斯找來了約100個中產階級家庭的嬰兒，年齡皆介於12和18個月之間。她使用一個裝有單向透視玻璃的小房間來進行實驗，藉此暗中觀察這些嬰兒的行為。測驗程序總共包含7個步驟，每個步驟約3分鐘，分別用來探討7種特定的行為模式。而躲在暗處的觀察者每15秒就會記錄一次，並使用7點量表來判定嬰兒行為的強度。

◉實驗步驟

①實驗的第一階段，母親和嬰兒會單獨待在小房間內，讓嬰兒能夠充分適應新環境。
②待嬰兒適應完畢，一名陌生人會走進小房間，並與母子互動。
③母親離開小房間，讓嬰兒和陌生人獨處。
④母親回到小房間，陌生人離開。
⑤母親也離開小房間，讓嬰兒獨自一人。
⑥陌生人回到小房間。
⑦母親再次回到小房間，陌生人離開。

測驗過程中，安斯沃斯觀察並用7點量表記錄的4種行為包含：分離焦慮（母親離開時嬰兒不安的感受）、嬰兒探索環境的渴望、陌生人焦慮（陌生人在場時嬰兒的反應）及重聚行為（母親回到身旁時嬰兒的行為）。根據測驗結果，安斯沃斯將嬰兒的依附風格分為3種：安全型依附、逃避型依附，以及抗拒型依附。

①安全型依附

這類孩子十分確信自己的母親（或是其他「依附對象」）有辦法滿足自己的需求，因此遇到困難時會尋求依附對象的幫助，且會把依附對象當成自己的「安全堡壘」，藉以自由地探索周遭環境。安斯沃斯發現，她所測驗的大部分孩子都屬於安全型依附。當他們心情不好時，依附對象可以很快讓他們平靜下來。此外，當依附對象能夠適時感受到孩子所展現出的需求，並以適當方式滿足時，就能與孩子發展出安全型依附關係。根據統計，安斯沃斯發現70％的嬰兒會呈現安全型依附，且通常會有以下行為：

- **分離焦慮**：當母親離開房間時，會開始表現出焦慮和難過等情緒。
- **探索環境**：將母親視為自己的安全堡壘。
- **陌生人焦慮**：母親在身旁時，對陌生人會表現得十分友善；但當母親不在時，則會開始迴避陌生人。
- **重聚行為**：當母親回到房間時，會表現得較開心和正向。

②迴避型依附

這類孩子通常較獨立，且不需有依附對象在旁就可以自行探索環境。此外，他們通常不只行為上很獨立，就連情緒上也十分獨立，因此有壓力時也不會尋求依附對象的幫助。在安撫這類型孩子時，母親和陌生人的能力是相等的。在迴避型依附關係中，依附對象通常對孩子的需求不太敏感，在孩子遭遇難關時不會出手相助，且會拒絕孩子提出的要求，並在孩子情緒低落時不予以回應。根據統計，安斯沃斯發現15％的嬰兒會呈現迴避型依附，且通常會有以下行為：

- **分離焦慮**：當母親離開房間時，不會表現出任何焦慮或難過等情緒。
- **探索環境**：不需母親在旁，可以自行探索環境。
- **陌生人焦慮**：有陌生人在旁時，心情不會受到影響，且行為皆與平常一樣。
- **重聚行為**：當母親回到房間時，會表現得漠不關心。

③抗拒型依附

這類孩子通常對依附對象有猶豫不決或矛盾的感受。當依附對象嘗試想要與他們互動時，常常會遭到拒絕。然而，這些孩子有時會突然表現得十分黏人。在這類型依附關係中，孩子無法從依附對象身上得到安全感，因此難以離開依附對象去好好探索環境。當他們心情不好時，通常無法因為依附對象在身旁或是與其互動而得到安撫。根據統計，安斯沃斯發現15％的嬰兒會呈現抗拒型依附，且通常會有以下行為：

- **分離焦慮**：當母親離開房間時，會變得非常焦慮和難過。
- **探索環境**：相較於安全型依附和迴避型依附的孩子，比較不會探索環境且愛哭。
- **陌生人焦慮**：有陌生人在旁時，會有些害怕，並產生迴避行為。
- **重聚行為**：當母親回到房間，會試圖接近，卻不會直接與之互動，有時甚至會把母親推開。

後來多項實驗成功複製了安斯沃斯的實驗結果，陌生情境測驗也從此成為測量依附關係的公認標準方法。然而，安斯沃斯的實驗結果仍然受到一些批評，因為她只量測了母親和嬰兒之間的依附關係，但有些人認為孩子和父親、祖父母或其他照顧者間的依附風格可能有所不同。此外，部分研究也顯示孩子會在不同的情境下展現出截然不同的依附行為。

情感性疾患

◆當我們被情緒掌控時

當我們的情緒狀態極端到會影響自身的思考歷程、社交關係以及行為模式時，就稱為「情感性疾患」。情感性疾患通常為陣發性，也就是說，這些症狀通常會來了又走。

情感性疾患可以分成2大類，分別為憂鬱症和雙相情感性疾患，而這2大類又可以進一步分成幾個子類別，分述如下。

◆憂鬱症

至少經歷過1次以上「重鬱發作」的患者，才會被診斷為重鬱症。每次重鬱發作大約會持續2星期以上，期間患者通常會有以下症狀：

・長時間且極端的悲傷或憤怒。

- 有罪惡感，或認為自己毫無價值。
- 對任何事情都失去興趣（即使是患者以前喜歡的活動），並對社交活動也興致缺缺。
- 精神極度低落。
- 無法集中精力或做出決策。
- 飲食習慣出現變化（可能吃太少或吃太多）。
- 睡眠模式出現變化（可能失眠或嗜睡）。
- 經常出現自殺或死亡的念頭。

值得一提的是，重度憂鬱的患者通常不太會從事自殺行為，因為在重鬱發作時，他們通常會對一切都變得漠不關心，因而缺乏規劃自殺行為並貫徹到底的動力。但在恢復期時，患者會變得比較有精神，這時他們就會容易嘗試自殺。

以重鬱症來說，女性的盛行率大於男性。此外，雖然女性也較常試圖自殺，但男性比較容易徹底執行自殺計畫。除了重鬱症之外，也有其他種類的憂鬱症會展現出類似症狀：

- **持續性憂鬱症**

如果上述的重鬱症狀持續超過2年以上，就稱為「持續性憂鬱症」。值得注意的是，這類型患者並不會無時無刻都出現這些症狀，有時甚至會覺得自己完全正常。

‧季節性憂鬱症

又稱「冬季憂鬱症」，患者會因為一年中的特定時期（尤其是冬季）而出現憂鬱症狀。

‧精神病性憂鬱症

除了重鬱症狀，患者會同時受到幻覺與妄想所苦。

‧產後憂鬱症

女性在分娩後出現的憂鬱症狀。可能原因包含荷爾蒙水準變化、睡眠不足、體態變化，以及社交或工作關係上的變化等。

‧非典型憂鬱症

當患者出現許多重鬱症狀，但症狀數量仍不足以診斷為重鬱症時，就稱為「非典型憂鬱症」。其症狀包含體重增加、食慾增加、嗜睡、時常感到疲倦，以及非常在意各種拒絕等等。

‧緊張型抑鬱疾患

這類型的憂鬱症非常罕見，患者會長時間保持僵直，或是以奇特、激烈的方式移動。這些患者有時也會完全不說話，或是模仿其他人的行為、講話方式等。

‧抑鬱型憂鬱症

這類型患者會近乎對所有活動失去興趣，當有什麼好事發生時也會難以用正向方式回應。通常症狀在早上較嚴重，且可能出現太早醒來的情況，如在沒有任何外部因素吵醒的情況下，提前至少2小時醒來。此外，抑鬱型憂鬱症的患者會產生十分強烈的悲傷情緒，狀況明顯到從外人的角度也可以看出患者有些不對勁。

❖雙相情感性疾患

雙相情感性疾患的舊稱為「躁鬱症」，其患者的情緒會在兩種極端——也就是躁狂跟抑鬱之間擺盪。躁狂發作時，常見的症狀包含：

- 暴躁易怒。
- 非常有精神。
- 情緒亢奮。
- 覺得自己非常偉大，自尊心極高。
- 煩躁不安。
- 說話速度很快。
- 需要的睡眠時間減少，甚至不睡覺。
- 對於會帶來快樂的事物更感興趣，而無視於其可能帶來的後果。
- 衝動行事。
- 可能出現偏執、妄想和幻覺等症狀。

雙相情感性疾患又可以分為以下幾種子類別：

・第一型雙相情感性疾患

這類型患者的躁狂發作和混合發作（指躁狂跟抑鬱同時存在時）大約都會持續7天以上，或是其躁狂發作會嚴重到需要住院的程度。第一型雙相情感性疾患的患者通常也會有持續2週以上的抑鬱發作情形。

・第二型雙相情感性疾患

這類型患者的症狀較輕微，輕躁與抑鬱發作時都不像第一型那麼嚴重。

・未註明型雙相情感性疾患（BP-NOS）

當患者受雙相情感性疾患的症狀所苦，且行為明顯和平時有所不同，但症狀存續時間短或症狀數量過少，尚未達到可診斷為第一型或第二型雙相情感性疾患的標準時，就稱為「未註明型雙相情感性疾患」。

・循環性情感症

一種嚴重性較低的雙相情感性疾患。這類型患者會有與第一型雙相情感性疾患相同的症狀，但他們並不會陷入完全的躁鬱狀態，也不會有重鬱發作的情形。一般來說，患者的症狀必須持續2年以上，才會被診斷為循環性情感症。

李夫・維高斯基（一八九六～一九三四年）

社會發展理論

❖社交互動的重要性

一八九六年十一月十七日，李夫・維高斯基出生於俄羅斯帝國境內一個叫作奧爾沙的地方（位於今白俄羅斯境內）。一九一七年，維高斯基從莫斯科大學的法律系畢業後，受到興趣驅使，在一九二四年進入莫斯科心理學院就讀。

維高斯基最為人所知的，就是他在教育和兒童發展方面的研究了。他的貢獻至今在認知發展領域中仍有著深遠的影響力。維高斯基認為，社交互動在認知發展歷程中扮演著非常關鍵的角色，並深信我們會由社會和社群的角度建構一切事物的意義。雖然維高斯基與許多心理學大師（包含佛洛伊德、史金納、皮亞傑和帕夫洛夫等人）生於同一年代，但當時執政的俄國共產黨對他的著作有很多意見，因此西方世界直到一九六二年冷戰趨緩時，才得以接觸到他的作品。

一九三四年六月十一日，維高斯基死於結核病，當時的他年僅38歲。在他從事心理學研究的10年間，總共出版了6本著作，其中最知名的就是他的社會發展理論。理論中提及了他大名鼎鼎的「近側發展區」概念，以及他在語言方面的研究成果。

❖社會發展理論

維高斯基深受尚・皮亞傑的著作影響，認為人的心智會在與社會互動的過程中逐步發展。由此，他提出以下假設：文化中的某些工具（例如：說話和寫作能力）是因我們與社會環境互動的需求而形成的。根據他的說法，孩子起先是為了向他人傳達自己的需求，才發展出這些具有社交功能的工具。隨著這些工具逐漸內化，孩子會因此發展出較高層次的思考能力。

維高斯基十分重視童年期間的社交互動。他認為孩子無時無刻都在逐步向家長和老師學習，且學習過程會隨著孩子身處的文化而有所不同。此外，他相信社會對人的影響並非單向的，人也會反過來影響社會。維高斯基的社會發展理論可以分成以下3個主題來說明：

①社會性發展在認知發展歷程中扮演關鍵角色

尚・皮亞傑相信兒童的發展早於學習，但維高斯基認為兒童的社會學習先於認知歷程的發展。他認為，兒童會先經歷社會層次的發展（稱為「個體間」發展），接著才會將所學到的資訊內化至個人層次（稱為「個體內」發展）。

②比學習中的個體更有見識的人稱為「更有知識的他人（ＭＫＯ）」

ＭＫＯ可以是該個體周圍的任何人，包含同儕、晚輩，甚至電腦等等。不過大多數情況下，ＭＫＯ都被認為是老師或教練等成人。

③「近側發展區（ZPD）」概念

根據維高斯基的說法，ZPD指的是學習中的個體在他人指導下可以表現出的能力，以及其獨自解決問題時所展現出的能力差距。而真正的學習就發生在這樣的差距之間。

Column

語言所扮演的角色

維高斯基認為，語言在認知發展歷程中扮演了兩個極為重要的角色。語言是大人用來向孩子傳達資訊的主要方法，透過語言，外在經驗得以轉換成內在歷程。因此，語言是讓孩子的智力得以適應環境的強大工具。根據維高斯基的說法，語言是從社交互動中發展而來，其主要目的為與他人溝通。然而，語言在後來會變成一種「內在語言」，也就是我們內心的想法。因此，語言同時扮演了創建思考的角色。

❖維高斯基的影響力

現在有一種教學模式稱作「交互教學法」，就是從維高斯基的理論衍生而來的。這種教學法著重於增進孩子從文本中習得資訊的能力。

執行交互教學法的過程中，老師並不只是單方面講授上課內容，而是會跟學生一同學習和練習，探討如何進行摘要、如何提問、如何澄清以及如何預測等關鍵概念。隨著時間過去，老師的指導角色會逐步減少。這樣一來，不僅能讓學生在學習過程中更積極主動，也能讓師生之間形成互相協作的關係，因為隨著雙方角色的轉變，老師也會需要學生的幫助來共同創造意義。

這種教學法只是維高斯基貢獻中的冰山一角而已。維高斯基在發展和教育心理學領域的成就，可說是前無古人。此外，因為他直到一九六二年才為西方世界的人所知曉，因此影響力至今仍日益增加中。

身體型疾患

❖不知從何而來的疼痛

所謂的「身體型疾患」是指患者會實際感受到生理上出現某些症狀，卻找不到由什麼生理疾病所引起。若要將患者診斷為身體型疾患，得先符合以下準則：

①患者生理上的症狀並非由任何生理疾病、藥物，或其他精神疾患所造成。

②患者並非罹患詐病（指佯裝有某些生理症狀以獲取金錢等外在好處）或偽病（指假裝有某些生理症狀以獲取內在好處，例如：得到他人同情等等）。

③患者的生理症狀必須嚴重損害他們在工作、社交和日常生活上的正常功能。

身體型疾患可以分成以下7種不同類別：

①身體化疾患（又稱為「布裡奎特氏症候群」）

大部分的身體化疾患患者都會在30歲前發病，且女性相較於男性容易罹患此病症。常見症狀包含：身體至少4個不同區域疼痛；生殖系統問題（如：勃起障礙或性慾低落）；胃腸問題（包括腹瀉和嘔吐等）；偽神經症狀（如：失明或暈厥）等。

②未分化的身體型疾患

當患者只出現身體化疾患中的一項症狀，且持續超過6個月時，就稱為「未分化的身體型疾患」。

③轉化症

轉化症的症狀通常會在患者經歷壓力或創傷事件之後顯現，且大多會影響到患者的自主運動和感覺功能。常見症狀包含：癱瘓、麻木、失明或無法說話。舉例來說，如果有位男子從馬背上摔下來，即使他的腿毫髮無傷，也可能因為轉化症而出現腿部癱瘓的狀況。許多人認為，這些生理症狀是因患者試圖解決他們內在的衝突而產生的。

④疼痛症

疼痛症患者身上會出現持續數個月之久的嚴重長期疼痛。與詐病不同的是，詐病患者會假裝自己感受到疼痛，但疼痛症患者則是真的會感覺到極度疼痛，且會因此嚴重影響日常生活。

⑤慮病症

慮病症又稱為「疑病症」，患者會滿腦子擔心自己罹患嚴重疾病。他們會用錯誤的方式詮釋自己身上的症狀，因此高估症狀的嚴重程度。即使接受醫生的檢查和評估後，這樣的憂慮和信念仍然不會消失，或可能消失一下子又馬上恢復原狀。與詐病不同的是，慮病症患者並不是在偽造症狀，而是無法控制自己的感受，並深信任何形式的症狀都預示著嚴重的疾病。當患者已經持續這種狀態超過6個月，且其症狀無法用其他精神疾患（如：恐慌症、強迫症或廣泛性焦慮性疾患）來解釋時，就會被診斷為慮病症。

⑥身體臆形症

身體臆形症患者會極度執著於自己身上的殘缺或不完美之處，而這些殘缺或不完美之處可能是真實存在的，但也可能根本不存在。也就是說，此類擬身體疾患的特徵就是患者會過度在意身體上細微或全然不存在的缺陷，造成社交、工作以及日常生活中的種種焦慮和痛苦。舉例來說，一名女子可能因為自己手上有個小小的疤痕而整天戴著手套。過度執著和在意自己身上一些微不足道的缺陷，就是身體臆形症會有的症狀。在將患者診斷為身體臆形症時，必須確定其症狀不能以其他類型的身體型疾患或精神疾患來解釋。舉例來說，如果患者總是太過在意自己的體重，則通常是由飲食性疾患所造成，而非身體臆形症。

⑦其他未特定性身體型疾患

指患者出現身體型疾患的症狀，卻未達以上幾種特定種類疾患的標準。

❖導致身體型疾患的因素

許多研究者認為，認知和性格上的因素在身體型疾患的發展中扮演著十分重要的角色。

①認知因素

研究者認為，以下幾種認知因素可能促使身體型疾患的發生：

- 對於健康的定義有些扭曲，認為健康的人永遠不會有任何症狀出現，或是不會有任何身體不適的狀況。
- 過於關注生理上的感受。
- 僅有輕微症狀出現，就妄下十分極端的結論。

②性格因素

許多研究者認為，有表演型人格的人比較容易罹患身體型疾患。這種類型的人會以特定行為來吸引他人注意，通常十分情緒化和戲劇化，容易接受暗示，且非常專注在自己身上。這些特質加在一起，似乎很可能增加他們罹患自發性身體型疾患的機率。

錯誤共識與虛假獨特性效應

❖大家應該都會這樣吧……？

所謂的「錯誤共識效應」，指的是我們常會認為大家都跟自己有一樣的意見和信念；而「虛假獨特性效應」則恰好相反，指我們常會誤認為自己的能力和優點非常獨特。錯誤共識效應和虛假獨特性效應都是認知偏誤的一種，而認知偏誤指的是我們的腦袋為了能夠高速運轉，而在判斷上產生的一些缺陷。

❖實驗〈錯誤共識效應實驗〉

相較於實徵證據稀少的虛假獨特性效應，錯誤共識效應的相關研究可說是多了不少。為了觀察錯誤共識效應是如何運作，史丹佛大學教授李・羅斯在一九七七年設計了一系列實驗。

實驗①

在羅斯的第1項實驗中，他首先請一群受試者看一篇描述衝突情境的文章。接著，他讓受試者在2種不同的回應方式中選擇其一，並要他們做以下3件事情：

①猜猜看其他受試者會選哪個選項。

②說出他們自己選擇的選項。

③分別描述選擇第1和第2選項者有哪些特質。

實驗結果顯示，無論受試者選擇的是哪些選項，大部分都相信其他人會和自己做出同樣的抉擇。因此，本實驗可說是證實了錯誤共識效應的存在。

有趣的是，回答第3個問題時，受試者通常會用非常極端的方式來描述那些和自己選擇不同選項者的性格和特質。說得直白一點，他們的心態大概就是：「如果你不同意我的意見，你就是錯的。」

實驗②

在羅斯的第2項實驗中，他找來了另一群受試者，並詢問他們是否願意在身上掛著寫有「來喬喬的店吃飯吧！」的廣告牌，並繞著校園走30分鐘。為了提升他們的動機，羅斯跟這群受試者說，他們在實驗結束後一定會學到一些有用的東西。此外，他也告知這群受試者，他們有選擇說不的權利。在他們做出選擇後，羅斯會再次詢問他們實驗①中的那3個問題。

實驗結果顯示，62%的受試者都認為他人會和自己做出同樣的決定。而在那些不願意身掛廣告牌在校園走動的受試者中，只有33%的人認為其他人會願意這麼做。因此，羅斯的第2個實驗可說是再次驗證了第1個實驗的結果。此外，如同實驗①的受試者，實驗②的受試者也用了非常極端的方式來描述那些和自己意見不同的人。

◉羅斯實驗的影響力

羅斯的實驗成功驗證了錯誤共識效應的存在，更證實了我們常會因為自己做出某個選擇，而認為其他人也應該選擇一樣的選項。此外，羅斯的實驗也展現出一件事——如果他人做出我們不太同意或不大會做出的選擇，我們就會以負面的方式來看待對方，甚至認為對方有問題或難相處。

錯誤共識效應所產生的偏見，對社會有著深遠的影響，並具有實際意義。其中最震撼人心的例子，便是在宗教基本主義者和政治激進者身上所見到的負面觀點。這些人不見得認為大部分人會持有和他們相同的激進觀點或信念，卻高估了擁有相似觀點的人數，這進一步扭曲了他們對於周遭世界的看法。

❖證明虛假獨特性效應

雖然虛假獨特性效應相關的實徵證據非常少，但也不是完全沒有。

一九八八年，傑瑞・薩爾斯、崔凱萬及葛倫・桑德斯3人發表了一篇文章，探討虛假獨特性效應與我們看待自己健康相關行為的方式之間有何關聯。

實驗中，招募了一群約為大學生年紀的男性作為受試者。研究人員總共提出了3個假設：

①受試者有錯誤共識效應，認為自己做的健康行為（如：運動等）很普遍，其他人也會做。

②不做健康行為者（如：不運動等）通常會高估同樣不做者的人數。

③會做健康行為者（如：運動等）通常會低估同樣會做者的人數。

實驗結束後，他們發現有許多證據都支持前2個假設，而有部分證據支持第3個假設。研究人員認為，那些不做健康行為者會排除任何阻力，透過高估與自己相似的人數來逃避健康行為，甚至認為自己這樣其實不太會有健康上的風險。此外，雖然此實驗找到了一些支持虛假獨特性效應的證據，但仍待進一步研究檢驗。

壓力

❖壓力背後的科學

壓力指的是由外在刺激物所激起的生理反應。這種刺激物可以是心理層面，也可以是生理層面，而壓力的存續時間可以很長也可以很短。我們常常誤以為壓力只是一種「感覺」，但其實壓力還會影響到我們的生理和心理狀態。此外，我們常常以為壓力就等於擔心，但其實壓力遠比擔心來得複雜許多，且並不像擔心一樣必然是負面的。其實，壓力又可以分成2種，一種是惡性壓力，另一種則是良性壓力，兩者分別源自於負向與正向事件。

❖戰鬥或逃跑反應

一九一〇年代時，美國心理學家沃爾特・坎農提出了一項理論。他用行為的角度描述了動物因應壓力的方式，並將此理論命名為「戰鬥或逃跑反應」（又稱為「急性壓力反應」）。

根據坎農的說法，當動物面臨極大壓力時（即使此壓力不見得真的存在），就會產生心理和生理上的反應。動物體內會突然釋出一些化學物質，包含腎上腺素、正腎上腺素和皮質醇等，使得心率和呼吸增加、肌肉和血管收縮，製造出足以做出戰鬥或逃跑反應的能量。而這些非自主反應主要是由動物體內的3個系統負責調節，分別為免疫系統、內分泌系統，以及中樞神經系統。

❖漢斯・薛利的老鼠實驗

一九三六年，匈牙利科學家漢斯・薛利成為描述壓力對身體影響的第一人。他認為慢性壓力會對身體中的化學物質產生長期影響，很可能導致疾病的產生。

事實上，這個概念是薛利於麥基爾大學的生物化學系擔任助手時，在用老鼠做實驗的過程中偶然發現的。

當時，他正在進行將卵巢萃取物注射進老鼠體內的實驗，希望能發現一種會導致新型性激素生成的反應。

結果薛利發現，這些老鼠的確會產生某些反應。牠們的脾臟、胸腺、淋巴結以及腎上腺皮質都會增大，且十二指腸和胃壁上都出現了嚴重的出血性潰瘍。如果稍微調整卵巢萃取物的注射量，這些生理反應便會隨之加劇或減緩。起初薛利以為自己成功發現了一種新型激素，但在改注射胎盤萃取物及腦下垂體萃取物後，他驚訝地發現老鼠竟然出現和先前一模一樣的反應。不過，薛利仍然以為這些反應是因為新型激素在作用，並再試著用腎臟和脾臟等不同器官的萃取物進行測試。然而，每次都會出現一模一樣的反應。薛利對這樣的結果感到非常困惑，並進行了最後一次嘗試，把一種甲醛注射進老鼠體內。這次，也出現了一模一樣的結果。

◉一般適應症候群

由於沒有發現任何新激素，漢斯・薛利認定自己的老鼠實驗失敗，並開始為他觀察到的這些症狀找尋其他可能原因。數年後，他想起自己年輕時在布拉格就讀醫學院時的一段回憶。當時，他觀察到許多病患會向醫生抱怨腸胃問題，以及身上各處疼痛。進一步檢查後，通常會發現這些病患也開始出現發燒、肝臟或脾臟腫大、皮膚起疹子以及扁桃腺發炎等問題。直到一段時間後，可以明確診斷為特定疾病的症狀才會開始浮現。

此外，薛利也很好奇一件事，那就是無論這些病患的病症為何，醫生總會叮囑他們要好好休息、吃容易消化的食物，以及避免待在溫差過大的空間內。

透過老鼠實驗和在醫學院的回憶，薛利提出一種稱為「一般適應症候群」的病症，用來描述身體在面對壓力時所產生的反應。根據他的說法，一般適應症候群可以分成3個不同階段：

①警覺階段

此一階段，我們體內的平衡開始遭到外在刺激（又稱為壓力源）擾亂，而身體會首次察覺到這些刺激物的存在。此時，坎農所謂的戰鬥或逃跑反應就會開始作用，身體會釋放出特定激素，讓我們有足夠的能量來應對目前的情況。

這時，如果我們一直沒有透過肢體活動來消耗由戰鬥或逃跑反應所釋出的能量，就可能對身體造成負面影響。舉例來說，如果體內有太多皮質醇，就會對肌肉組織和細胞造成傷害，甚至導致胃潰瘍、高血糖和中風等狀況；如果體內有太多腎上腺素，則會對腦和心臟的血管造成傷害，進而提高中風和心臟病發的可能性。

②抵抗階段

此一階段，我們的身體會開始對抗這些外在刺激，並透過恢復、更新和修復等來讓身體回歸平衡狀態，這樣的過程就稱為「抵抗」。這會在警覺階段初期就開始作用，並持續到壓力情境緩解為止。反過來說，如果壓力情境未得到緩解，我們的身體就會保持在高度激起的狀態。

當這樣的過程一再重複出現且過於頻繁時，就會讓我們的身體來不及自我修復，而導致一連串的問題。如果有這樣的情況發生，我們就會正式進入到下一階段。

③耗竭階段

此一階段，我們的身體已經耗盡可以用來與壓力源奮鬥的生理和心理能量。這樣的情況在我們面臨慢性壓力時特別容易發生，因為在與短期壓力抗戰時，我們通常不太會用盡所有能量。沒有能量，我們就無法再與壓力源抗戰下去了。

因此，這時我們的壓力水準會居高不下，導致腎上腺疲勞、精疲力竭、適應不良、負荷過重或身體功能失調等。慢性壓力對身體和心靈的影響力是非常驚人的——器官和組織的細胞會受損，記憶和思考等功能也會下降，並增加罹患焦慮和憂鬱等心理疾患的風險。此外，高壓狀態也可能導致類風濕性關節炎、高血壓和心臟疾病的產生。

自我差距理論

❖自我實現與否所帶來的影響

在一九八七到一九九九年的這段期間，心理學家愛德華・托里・希金斯發展出一套概念，用來解釋我們所有沮喪和焦慮的情緒，並將其稱為「自我差距理論」。根據這套理論，我們之所以感到沮喪，是因為期望和野心未得到實現；而我們會感到焦慮，則是因為我們的責任或義務沒有得到實踐。

自我差距理論認為，我們的一生中，會逐漸發現達成目標或實現抱負可以帶來一些穩定的回報，像是他人的愛和讚賞等等。而這些目標和抱負會漸漸融為一體，形成一套要成為理想自我就必須遵照的準則。因此，當我們覺得自己無法達成其中幾項目標時，就會預期那些回報即將消失無蹤，因而產生沮喪、憂鬱和失望的情緒。

此外，自我差距理論中也提到，我們的一生中，會逐漸發現履行責任和義務可以規避懲罰，以及避免一些負面後果。隨著時間過去，這些經驗會形成一套抽象準則，並導引我們的行為。因此，當我們覺得自己無法履行其中某些責任和義務時，就會產生受到懲罰的感受，也就是焦慮和不安的情緒。

◉自我差距理論的證據

一九九七年，為了證明自我差距理論，希金斯和同事一同進行了一項實驗。

實驗一開始，研究人員會請受試者列出自己「希望」能夠擁有的特質，並接著列出覺得自己「應該」具備的特質——也就是所謂的「理想我」和「應該我」。接下來，受試者必須算出在這2種特質中，有幾項是他們目前已經具備的。實驗最後，受試者要用4點量表來評估自己所感受到的情緒。

而這項實驗的結果和自我差距理論中的概念是一致的。覺得自己沒有實現理想的人（也就是真實我與理想我之間有心理差距的人），會有較多的沮喪感；而覺得自己沒有履行義務的人（也就是真實我與應該我之間有心理差距的人），則會有較多的不安感。

❖其他影響因素

雖說如此，自我差距理論中還存在著更加複雜的影響因素。舉例來說，目標是否由我們自己選出來，也會影響自我差距所導致的情緒類別。希金斯認為，如果我們沒有成功實現他人強加在我們身上的目標，將會導致尷尬和羞恥的情緒，而非失望和沮喪；同樣地，如果我們沒有成功履行他人強加在我們身上的義務，則會導致怨恨的情緒。

一九八八年，有人為了推翻自我差距理論而進行另外一項研究。該研究證明了無論是哪一種類型的自我差距，最終都會導致羞恥的感受。此外，該研究也發現真實我與理想我、應該我之間的心理差距所引發的感受並非焦慮，而是更加接近憂鬱的情緒。除了這項研究以外，許多心理學家也試圖找出自我差距模型以外的解釋方式。以下篇幅中將列舉其中幾位所提出的理論。

Column

一心向「錢」

對許多人來說，他們想要得到的金錢、地位和現況的差距，才是造成長期沮喪和不安的來源。當然，想要得到更多錢是人之常情，但有部分研究顯示，這不僅無法顯著提升我們的幸福感，甚至會降低幸福的感受。多項研究中都指出，對於更多金錢的渴望並不會讓我們的心情變好，也不能提升我們對生活的滿意度。更甚者，我們期望的財富和現有財富之間的差距，其實和我們的幸福感（包含情緒和滿意度）呈現反比關係。

◉多重差距比較理論

一九八五年，艾力克斯・米卡洛斯提出了「多重差距比較理論」，認為我們的不滿和不快樂主要來自於3種情況：

①當我們一生中所得到的資源比不上身旁的某些關鍵人物時，此稱為「社會比較差距」。

②當我們不再擁有過去所有的某些資源時，此稱為「過去比較差距」。

③當我們尚未得到想要的資源時，此稱為「抱負水準比較差距」，類似自我差距理論的概念。

◉不期望我

有些研究者不太關注人的理想，而是認為「不期望我」所帶來的差距對情緒和滿意度有更深遠的影響。

一九八七年，羅格斯大學教授丹尼爾・奧格爾維進行了一項研究，其中分別量測了受試者的真實我、理想我和不期望我。為了評估受試者的不期望我，奧格爾維要求他們描述自己狀況最糟時是什麼樣子。該研究發現，真實我和不期望我之間的差距，與受試者的滿意度有著非常密切的關係；而真實我和理想我之間的差距，則與滿意度的關聯較不緊密。

而這背後的理論就是，不期望我通常是依據現實情況而來，理想我則並非奠基於任何真實經驗，因此十分模糊且難以捉摸。

◉逃避理論

逃避理論認為，當我們覺得自己無法達成某些重要的預期標準時，就會造成巨大的自我差距，從而產生逃避現實的強烈衝動。這樣的衝動可以展現在許多不同的行為上，例如：嗜睡、用藥和自殺傾向等等。

根據逃避理論，人在嘗試自殺之前，通常會先經歷以下幾個階段：

①意識到預期標準和自身狀態之間的差距，因而產生失望或失敗的感受。

②接著，會將失敗的原因怪罪在自己身上，而非責備當下的情境。

③接下來，會變得非常在意自己的一舉一動，並開始不斷評價自己的行為，而這樣的狀態會進一步加劇對自身的負面情緒。

④進入「認知解構」狀態，開始否定自己先前的觀點，並避免設立目標。此外，也會開始只用具體而實際的方式思考，拒絕考慮事物背後所隱含的意義。解構狀態的出現，會使得某些極端手段、不理性行為和負面情緒看似可以接受，並因此被進一步增強。

最後，自殺就成了終極的逃避方式。這種惡性循環展現了各種不同的「差距」所具有的強大力量——無論是真實我和理想我之間的差距，還是真實我和不期望我之間的差距。

——你的心怎麼想？——

一分鐘解析人格疾患的心理學入門課

出版◆楓書坊文化出版社
地址◆新北市板橋區信義路163巷3號10樓
郵政劃撥◆19907596　楓書坊文化出版社
網址◆www.maplebook.com.tw
電話◆02-2957-6096　　傳真◆02-2957-6435
作者◆保羅・克萊曼
翻譯◆王士涵
責任編輯◆邱凱蓉
內文排版◆謝政龍
港澳經銷◆泛華發行代理有限公司
定價◆480 元
出版日期◆2024 年 4 月

國家圖書館出版品預行編目資料

你的心怎麼想？：一分鐘解析人格疾患的心理學入門課 / 保羅．克萊曼作；王士涵譯. -- 初版. -- 新北市：楓書坊文化出版社, 2024.04 面； 公分

譯自：Psych 101 : psychology facts, basics, statistics, tests, and more!

ISBN 978-986-377-957-5（平裝）

1. 心理學

170　　113002145